Die schönsten Geschichten
für Erstleser

Von Prinzessinnen, Feen und Elfen

Liebe Eltern,

jedes Kind ist anders. Eines kennt bereits alle Buchstaben in
der Vorschule und kann sie zu Wörtern formen. Ein anderes
lernt das Abc beim Eintritt in die Schule. Für das spätere
Leseverhalten ist das völlig unerheblich. Wichtig aber ist der
Spaß am Lesen – und zwar von Anfang an. Darum muss
sich die konzeptionelle Entwicklung von Lesetexten an den
unterschiedlichen Lernentwicklungen der Kinder orientieren.
Unser Bücherbär-Erstleseprogramm umfasst deshalb
verschiedene Reihen für die Vorschule und die ersten beiden
Schulklassen. Sie bauen aufeinander auf und holen die Kinder
dort ab, wo sie sind. So wird der Lernprozess auch für den
fortgeschrittenen Erstleser leichter und die Freude am Lesen
hält ein Leben lang.
Altersgerechte Neuerzählungen von Klassikern der
Kinderliteratur machen Lust auf das Selberlesen.

Die Geschichten in diesem Band richten sich an
Leseanfänger in der 2. Klasse.

In Zusammenarbeit mit
westermann

Die schönsten Geschichten für Erstleser

Von Prinzessinnen, Feen und Elfen

Arena

Weitere Titel aus der Reihe Klassiker für Erstleser:

978-3-401-70334-3   978-3-401-70094-6   978-3-401-70199-8   978-3-401-70234-6   978-3-401-70489-0

FSC
www.fsc.org

MIX
Papier aus verantwor-
tungsvollen Quellen
FSC® C110508

1. Auflage 2016
© Arena Verlag GmbH, Würzburg 2016
Alle Rechte vorbehalten
Einbandillustration: Kirsten Strassmann
Gesamtherstellung: Westermann Druck Zwickau GmbH
ISBN 978-3-401-70894-2

www.arena-verlag.de

Inhalt

Wunderschöne Prinzessinnenmärchen

Neu erzählt von Ilse Bintig

**Mit Bildern von
Kirsten Strassmann**

Der Schweinehirt
und die Prinzessin

Es war einmal ein Prinz, der hatte ein klitzekleines
Königreich. Es war gerade so groß, dass man
eine Hochzeit darauf feiern konnte. Und das wollte
der Prinz.
Eines Tages verriet er seinem Freund ein
Geheimnis: „Ich werde die Tochter des Kaisers
heiraten, denn sie gefällt mir von allen
Prinzessinnen am besten."
Der Freund lachte laut auf. „Glaubst du wirklich,
die Tochter des Kaisers heiratet einen armen
Prinzen? Du hast ja nicht mal ein richtiges
Geschenk für sie."

„Ich schenke der Prinzessin etwas
sehr Kostbares", verriet der Prinz.
In dem kleinen Garten hinter dem Schloss wuchs
ein großer Rosenstrauch. In jedem fünften Jahr
blühte an dem Strauch eine einzige Rose. Sie war
dunkelrot und duftete so süß, dass man alle
Sorgen vergaß. Diese Rose wollte der Prinz der
Prinzessin schenken.
Er schickte einen Boten mit der Rose ins
Schloss des Kaisers.

Als die Prinzessin die Rose sah, rief sie: „Oh, wie schön! Ein herrliches Kunstwerk!"
Die Hofdamen sagten: „Oh, wie bezaubernd! Die Rose war bestimmt sehr teuer."
„Es ist keine künstliche Rose", erklärte der Bote. „Sie ist im Garten des Prinzen gewachsen."
„Igittigitt! Eine natürliche Rose!", kreischte eine Hofdame.
Die Prinzessin ließ die Rose entsetzt auf den Boden fallen. „Pfui! Eine natürliche Rose! Wie kann ein Prinz mir nur so etwas Hässliches schenken?"
Als der Prinz hörte, dass der Prinzessin die Rose nicht gefallen hatte, schickte er ihr seine Nachtigall. Sie konnte so

14

herrlich singen wie kein anderer Vogel auf der Welt.

„Wie schön!", rief die Prinzessin, als sie die liebliche Stimme der Nachtigall hörte.

„Wie reizend!", riefen die Hofdamen.

„Das ist eine ganz entzückende Spieldose", meinte eine Hofdame.

Die Prinzessin griff nach dem Vogel und schrie: „Pfui, das ist ja ein natürlicher Vogel!"

„Pfui! Ein natürlicher Vogel! Wie schrecklich!", riefen die Hofdamen, und die Prinzessin ließ den Boten aus dem Schloss jagen.

Jetzt beschloss der Prinz, selbst zum Kaiser zu gehen. Er bemalte sich das Gesicht und die Hände mit brauner Farbe, zog einen zerlumpten Mantel an und setzte eine schmutzige Mütze auf. Dann ging er geradewegs zum Kaiser und fragte: „Habt Ihr eine Arbeit für mich?"

„Du kannst auf meine Schweine aufpassen und die Ställe ausmisten", antwortete der Kaiser.

Von nun an hütete der Prinz jeden Tag die Schweine, und nachts schlief er im Stall. Wenn abends die Tiere versorgt waren, bastelte er einen Wundertopf. Sobald der Topf kochte, klingelten viele Schellen und spielten das Lied „Oh, du lieber Augustin . . .". Aber der Topf konnte noch mehr. Wer den Finger in den Dampf hielt, konnte riechen, was in allen Häusern der Stadt gekocht wurde.

Eines Tages kam die Prinzessin mit ihren Hofdamen auf die Schweinewiese und hörte das Lied „Oh, du lieber Augustin . . .".

Die Prinzessin klatschte begeistert in die Hände. „Das ist ja mein Lieblingslied. Den Topf muss ich haben." Eine Hofdame fragte sofort beim Schweinehirten nach dem Preis des Topfes.

Sie kam mit hochrotem Kopf zurück und stotterte: „Das . . . das kann ich gar nicht laut sagen."

Sie flüsterte der Prinzessin ins Ohr: „Der Schweinehirt will zehn Küsse von dir haben."

„So ein unverschämter Kerl!", schimpfte die Prinzessin. „Sag ihm, die Hofdamen werden ihm die Küsse geben!"

Das wollte der Schweinehirt aber nicht. Er ließ der Tochter des Kaisers ausrichten: „Zehn Küsse von der Prinzessin, oder ich behalte den Topf!"

Zuerst war die Prinzessin wütend, aber dann sagte sie zu den Hofdamen: „Kommt mit! Ich werde dem frechen Kerl die Küsse geben, aber niemand darf es sehen."

Die Hofdamen stellten sich im Kreis um den Schweinehirten und die Prinzessin. Sie hoben sich auf die Zehenspitzen und breiteten ihre weiten Röcke aus und zählten laut die Küsse: „Eins, zwei, drei, vier, fünf, sechs, sieben, acht, neun . . . zehn!"

Der Schweinehirt bekam die zehn Küsse, und die Prinzessin bekam den Topf. Sie hielt den Finger in den Dampf und rief: „Beim Bürgermeister gibt es heute Erbsensuppe mit Speck."

Die Hofdamen lachten und klatschten vor Vergnügen in die Hände.

Ein paar Tage später bastelte der Schweinehirt eine Knarre, die Tanzmusik machen konnte. Die Prinzessin und die Hofdamen hörten die Musik und hätten am liebsten zwischen den Schweinen auf der schmutzigen Wiese getanzt. Aber das wagten sie nicht.

„Ich muss die Knarre haben", sagte die Prinzessin, „dann können wir im Schloss tanzen."

Der Schweinehirt wollte für die Knarre hundert Küsse von der Prinzessin haben.

„Oh weh, hundert Küsse!", kreischten die Hofdamen. „Wie entsetzlich!"

Die Prinzessin war wütend. „Niemals kriegt der Schweinehirt hundert Küsse von mir. Soll er doch seine Knarre behalten."

Die Prinzessin hörte jedoch immer wieder die schöne Tanzmusik auf der Schweinewiese. Schließlich sagte sie: „Ich muss die Knarre haben, auch wenn sie hundert Küsse kostet."

Die Prinzessin und ihre Hofdamen stapften zwischen den Schweinen hindurch über die schmutzige Wiese. Dann nahmen die Hofdamen die Prinzessin und den Schweinehirten in ihre Mitte, stellten sich auf die Zehenspitzen, hoben die Röcke und zählten laut die Küsse. Sie waren so in das Zählen vertieft, dass sie nicht merkten, dass plötzlich jemand hinter ihnen stand. Beim sechsundachtzigsten Kuss schlug ihnen einer mit seinem Pantoffel auf den Kopf. Es

war niemand anderes als der Kaiser. Er stellte sich
auf die Zehenspitzen und entdeckte hinter den
Hofdamen seine Tochter und den Schweinehirten.
Beim siebenundachtzigsten Kuss polterte der
Kaiser los. Die Prinzessin erschrak fürchterlich, als
sie die Stimme des Vaters hörte. Er schrie seine
Tochter an: „Verschwinde mit deinem
Schweinehirten! Ich will dich nie mehr sehen."
    Soviel die Prinzessin auch weinte und
        jammerte, sie musste mit dem

schmutzigen
Schweinehirten
das Land verlassen.
Sie liefen und liefen und
kamen endlich in das
klitzekleine Land des Prinzen.
Vor dem Schloss blieben sie
stehen, und der Schweinehirt
sagte: „Hier wohnt der Prinz, der
dich heiraten wollte und der dir die Rose und die
Nachtigall geschickt hat."

Die Prinzessin jammerte laut: „Ach, hätte ich doch
den schönen Prinzen genommen!"

„Zu spät!", meinte der Schweinehirt. Er ließ die
Prinzessin stehen und verschwand durch eine Tür
des Schlosses. Hier verwandelte sich der
Schweinehirt wieder in den Prinzen und kam in
eleganten Kleidern aus dem Schloss.

Die Prinzessin glaubte, zu träumen.

„Wer bist du?", stammelte sie.

„Ich bin der Prinz, der dir die Rose und die
Nachtigall geschickt hat", sagte der schöne Mann.

„Die Geschenke aus meinem Garten hast du verachtet, aber für ein lächerliches Spielzeug hast du einen Schweinehirten geküsst."

Die Prinzessin bekam einen puterroten Kopf und bettelte: „Bitte verzeih mir! Ich werde dich belohnen. Du darfst mich sogar heiraten."

Der Prinz schüttelte den Kopf. „Niemals werde ich eine so hochmütige und dumme Prinzessin zur Frau nehmen."

Dann drehte der Prinz sich um und schlug der Tochter des Kaisers die Tür vor der Nase zu.

Die Prinzessin auf der Erbse

In einem großen Schloss lebte ein Prinz mit
seinen Eltern und vielen Dienern. Eines Tages
sagte der König zu seinem Sohn: „Mein lieber
Sohn, es wird Zeit, dass du dir eine Frau suchst.
Aber es muss eine echte Prinzessin sein."
Der Sohn nickte und antwortete: „Es ist nicht leicht,
eine echte Prinzessin zu finden. Was soll ich tun?"
„Mach dich auf den Weg, und reise in fremde
Länder! Irgendwo wirst du schon eine Prinzessin
finden", sagte der König.
Eines Tages war es so weit. Der Prinz stieg mit
seinen Dienern in eine goldene Kutsche.
Viele Menschen standen am Rand der Straße
und jubelten dem Prinzen zu.

„Hoffentlich bringt der Königssohn bald eine
Prinzessin mit", riefen die Leute.
Die goldene Kutsche fuhr in viele fremde
Königreiche, und der Prinz begegnete vielen
Mädchen, die behaupteten, eine Prinzessin zu
sein. Aber die Diener des Prinzen bekamen
schnell heraus, dass kein einziges Mädchen eine
echte Prinzessin war. Der Königssohn war traurig,
aber es konnte ihm niemand helfen.

Schließlich sagte der Prinz zu seinen Dienern:
„Lasst uns nach Hause fahren! Wir werden keine
echte Prinzessin finden."
So machten sich der Prinz und seine Diener auf
den Heimweg.
Der König und die Königin freuten sich über die
Heimkehr ihres Sohnes, aber sie waren traurig,
dass er keine Prinzessin mitbrachte. Auch die
Leute im Königreich waren enttäuscht, denn sie
hatten sich auf eine große Hochzeit gefreut.

Eines Abends zogen am Himmel schwarze
Wolken auf. Es regnete, blitzte und donnerte.
Plötzlich klopfte es ans Tor.
„Wer kann das sein?", fragte der König erstaunt
und öffnete selbst die Tür. Draußen stand ein
Mädchen im strömenden Regen. Das Wasser lief
ihm übers Haar bis in die Schuhe.
„Wer bist du?", fragte der König.
„Ich bin eine Prinzessin", antwortete das
Mädchen.

Der König schüttelte ungläubig den Kopf und holte das pitschnasse Mädchen ins Schloss. Eine Dienerin musste der Fremden frische Kleider bringen und die nassen Haare trocknen. Der Prinz und seine Eltern sahen jetzt erst, wie schön das Mädchen war. Aber hatte es die Wahrheit gesagt? War es wirklich eine echte Prinzessin?

Das werde ich herausbekommen, dachte die Königin. Aber sie verriet nicht, was sie vorhatte. In der Schlossküche wollte der Koch gerade eine Erbsensuppe kochen. Da stand plötzlich die Königin hinter ihm. Sie griff in den Topf, holte eine getrocknete Erbse heraus und steckte sie in die Tasche. Ohne ein Wort zu sagen, verließ sie die Küche. Der Koch schüttelte verwundert den Kopf. Wozu brauchte die Königin eine Erbse?

Eine Dienerin musste für das fremde Mädchen ein Bett herrichten. Die Königin legte die Erbse heimlich unten ins Bett. Dann ließ sie zwanzig Matratzen ins Schlafzimmer tragen und auf die

Erbse legen. Über die Matratzen türmte die Dienerin noch zwanzig weiche Federbetten. Dann ging die Königin zu dem Mädchen und sagte: „Ich habe dir ein Bett fertig machen lassen. Auf den weichen Matratzen wirst du herrlich schlafen können."

Die Königin führte die Prinzessin selbst in das Schlafzimmer. Das Mädchen war sehr müde. Es stieg auf das hohe, weiche Bett und schlief sofort ein.

Am nächsten Morgen rief die Königin die ganze Familie und alle Diener in den Thronsaal. Sie flüsterte dem König zu: „Gleich werden wir wissen, ob das Mädchen eine richtige Prinzessin ist."

Eine Dienerin musste die Fremde holen. Allen fiel auf, dass das Mädchen blass und müde aussah.

„Wie hast du in deinem Bett
geschlafen?", fragte die Königin.
„Sag es aber bitte ehrlich!"
Das Mädchen senkte den Kopf
und flüsterte: „Ich habe die ganze
Nacht nicht geschlafen."

„Und warum nicht?", fragte die
Königin.

„Ich weiß nicht, was in meinem
Bett gewesen ist. Ich habe auf
etwas Hartem gelegen. Es hat
sehr wehgetan", klagte das
Mädchen. „Mein ganzer Rücken
ist rot und blau."

Da ging ein Strahlen über das
Gesicht der Königin. „Du hast
heute Nacht auf einer Erbse
geschlafen und sie durch zwanzig
Matratzen und zwanzig
Federbetten hindurch gefühlt. So
empfindlich kann nur eine echte
Prinzessin sein!"

Die Königin ging auf die Prinzessin zu und umarmte sie. Alle Leute im Saal jubelten. Eine echte Prinzessin! Endlich eine echte Prinzessin im Schloss! Und der Prinz? Dem hatte das fremde Mädchen sofort gefallen. So kam es, wie es kommen musste: Prinz und Prinzessin heirateten und feierten eine große Hochzeit.

Nach dem Fest holte die Königin die Erbse aus dem Bett und legte sie in die Schatzkammer. Dort liegt sie noch heute, und jeder kann sie sehen – natürlich nur, wenn sie nicht gestohlen worden ist.

Die zertanzten Schuhe

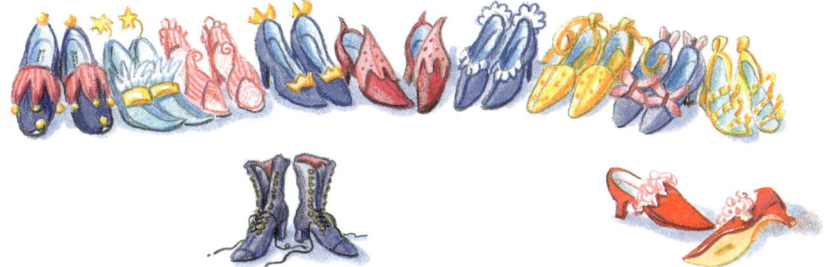

Es war einmal ein König, der hatte zwölf
Töchter. Sie schliefen alle zusammen in einem
großen Saal. Eines Tages entdeckte der König
etwas Seltsames: Jeden Morgen waren in den
Schuhsohlen seiner Töchter große Löcher. Die
Prinzessinnen mussten in der Nacht getanzt
haben! Von nun an verschloss der König jeden
Abend die Tür zum Saal. Aber jeden Morgen
waren die Schuhe wieder kaputt! Wo hatten die
Prinzessinnen getanzt? Wie waren sie aus dem
Schloss gekommen? Aber das blieb das
Geheimnis der zwölf Prinzessinnen.
Ich muss es herausfinden, dachte der König und
schickte einen Boten durchs ganze Land. Er rief

überall aus: „Wer entdeckt, wo die Königstöchter nachts tanzen, darf sich eine Prinzessin zur Frau nehmen! Wer sich meldet und das Rätsel der zertanzten Schuhe nicht lösen kann, der verliert sein Leben."

Jeder im Land wusste, wie schön die Prinzessinnen waren. So wagten es ein paar mutige, junge Prinzen, die Aufgabe zu lösen. Ein Prinz nach dem anderen wurde im Schloss empfangen. Er bekam ein Bett vor dem Saal der Prinzessinnen. Die Tür durfte auf Befehl des Königs nicht verschlossen werden. Aber es war seltsam. Kaum lag der Prinz im Bett, schlief er fest ein. Wenn er am Morgen erwachte, hatte er nichts gesehen und gehört. Nach der dritten Nacht verlor er sein Leben. So erging es jedem jungen Mann, der sich beim König meldete.

Eines Tages wanderte ein armer Soldat durch den
Wald, in dem das Schloss des Königs lag. Auf
seinem Weg traf er eine alte Frau. Sie fragte:
„Was hast du vor? Wo gehst du hin?"
„Ich weiß es selbst nicht", antwortete der Soldat.
Und dann lachte er übermütig: „Wer weiß?
Vielleicht heirate ich eine Prinzessin."
„Das ist gar nicht so schwer", sagte die alte
Frau. „Du darfst nur nicht den Wein trinken,
den dir die Prinzessinnen anbieten. Dann
kannst du die ganze Nacht wach bleiben."
Die Frau zog aus ihrer Tasche ein
Mäntelchen. „Wenn du diesen Mantel um
die Schultern hängst, bist du unsichtbar
und kannst hinter den Prinzessinnen
herschleichen."

„Nein", antwortete der Soldat, „es wird mir sicher genau so gehen wie den Prinzen."

„Das wird es nicht, ich verspreche es dir", sagte die alte Frau. „Du musst nur tun, was ich dir geraten habe."

Der Soldat bedankte sich für den Rat und das Mäntelchen und ging geradewegs ins Schloss. Dort wurde er genauso freundlich empfangen wie die Königssöhne. Abends brachte ihm die älteste Prinzessin ein Glas Wein. Der Soldat befolgte den Rat der alten Frau. Er trank den Wein nicht, sondern ließ ihn in einen Schwamm laufen, den er sich unters Kinn gebunden hatte. Dann legte er sich in sein Bett und stellte sich schlafend.

Die Prinzessinnen fühlten sich sicher und zogen prächtige Kleider an. Sie lachten übermütig und freuten sich auf den Tanz.

Nur die jüngste sagte: „Ich fürchte mich vor dieser
Nacht. Ich habe das Gefühl, dass ein Unglück
passiert."
„So ein Unsinn!", meinte die älteste Schwester.
„Du bist ein Angsthase. Der Soldat hat das
Schlafmittel getrunken und schläft tief und fest."

Als die Prinzessinnen ihre neuen Schuhe angezogen hatten, klopfte eine der Königstöchter dreimal an ihr Bett. Da sank es in die Erde, und die zwölf Königstöchter kletterten eine nach der anderen in die Öffnung hinunter. Der Soldat stand leise auf, hing sein Mäntelchen um und stieg hinter den Prinzessinnen her. Keine der Schwestern konnte ihn sehen, denn das Mäntelchen machte ihn unsichtbar.

Plötzlich trat der Soldat der jüngsten Königstochter auf das lange Kleid. Sie erschrak und rief: „Oh weh! Was ist das? Es hält mich einer fest."

„Unsinn!", rief die älteste Prinzessin. „Du bildest dir etwas ein. Hier ist niemand. Vielleicht bist du an einem Haken hängen geblieben."

Am Ende der langen Treppe standen Bäume mit silbernen Blättern. Der Soldat brach einen kleinen Ast ab, um ein Zeichen mitzunehmen. Die jüngste

Prinzessin rief entsetzt: „Habt ihr das seltsame Knacken gehört? Es geht heute nicht mit rechten Dingen zu."

Die älteren Schwestern lachten sie aus. „Du Angsthase! Unsere Prinzen schießen vor Freude in die Luft, weil sie bald erlöst sind."

Der Soldat folgte den Prinzessinnen bis in einen Wald. Alle Blätter der Bäume waren aus reinem Gold. Wieder steckte der Soldat ein paar Blätter in die Tasche. Bald kamen sie an einen großen See, darauf schwammen zwölf Boote, und in jedem Boot saß ein schöner Prinz. Die Königssöhne hatten schon auf die Prinzessinnen gewartet. Jeder Prinz holte sich seine Liebste ins Boot und fuhr davon. In letzter Minute konnte der Soldat noch in das Boot der jüngsten springen.

„Wie schwer das Boot plötzlich geworden ist!", sagte die Prinzessin.

„Ich merke es auch. Es fällt mir schwer, das Boot zu rudern", meinte der Prinz. Wieder wurde der Prinzessin ein wenig unheimlich zumute. Als aber am Ufer

das herrliche Schloss auftauchte,
hatte sie alle Angst vergessen.
Eine wunderschöne Musik ertönte,
und die Prinzen führten ihre
Liebsten in das Schloss und tanzten
mit ihnen, bis sie ihre Schuhe
durchgetanzt hatten. Dann brachten die
Prinzen ihre Prinzessinnen wieder zurück
an das andere Ufer. Der Soldat schaffte
es, als Erster wieder im Schloss zu sein.
Er legte sich ins Bett und stellte sich
schlafend. Die Prinzessinnen lachten,

als sie den laut schnarchenden
Soldaten sahen.

„Unser Schlaftrunk hat gewirkt", stellte
eine der Schwestern fest.

Am nächsten Morgen erzählte der
Soldat nichts von seinen Erlebnissen.
Er beobachtete das Abenteuer der
Prinzessinnen noch ein zweites und ein
drittes Mal. In der letzten Nacht nahm er
aus dem Schloss der unterirdischen
Prinzen einen Becher als Beweis mit. Am
dritten Tag wurde er zum König gerufen.
Die Prinzessinnen standen alle hinter der
Tür und lauschten.

Der König fragte den Soldaten: „Hast
du herausgefunden, wo meine
Töchter in der Nacht tanzen?"

„Ja, das habe ich",
antwortete der Soldat.
„Sie tanzen mit zwölf
schönen Prinzen in einem
unterirdischen Schloss."

Dann gab er dem
König die silbernen
und goldenen
Zweige und den
kostbaren
Becher. Da
wusste der
König, dass der
Soldat die Wahrheit
gesagt hatte. Er rief seine Töchter zu sich, und
jetzt half kein Lügen mehr. Die Prinzessinnen
mussten dem Vater die ganze Wahrheit erzählen.
Der König sagte zu dem Soldaten: „Ich werde
mein Versprechen halten. Du darfst dir eine
meiner Töchter aussuchen und heiraten."
„Ich bin nicht mehr jung", erklärte der Soldat,
„deshalb gebt mir bitte die älteste Prinzessin."
Noch am selben Tag wurde die Hochzeit
gefeiert. Und später ist der Soldat König
geworden und hat ein großes Reich
regiert.

König Drosselbart

Es war einmal ein König, der hatte eine einzige
Tochter. Die Prinzessin war wunderschön, aber
stolz und hochmütig. Es gab viele Prinzen, die die
Königstochter gerne geheiratet hätten. Aber der
Prinzessin war keiner gut genug. Sie spottete über
jeden, der sie zur Frau haben wollte.
Eines Tages sagte der König zu seiner Tochter:
„Ich werde alle Prinzen ins Schloss einladen. Und
dann wirst du dich für einen der Männer
entscheiden und ihn heiraten."
So geschah es. Die Prinzen mussten sich im
Königssaal aufstellen, und die Prinzessin wurde
durch die Reihen geführt. Sie hatte an jedem

Prinzen etwas auszusetzen. Zu dem einen sagte sie: „Du gefällst mir nicht. Du bist mir zu dick. Ich heirate doch kein Weinfass."

Ein anderer bekam zu hören: „Du bist mir zu groß und zu dünn. Eine lange Latte bist du!"

Der nächste Prinz war der Prinzessin zu blass. „Du siehst aus wie der bleiche Tod."

Schließlich stand die Prinzessin vor einem schönen, großen Königssohn. Sie schaute ihn prüfend von oben bis unten an. Schließlich entdeckte sie, dass sein Kinn ein wenig krumm gewachsen war. Sie kicherte und spottete: „Du hast ja ein krummes Kinn. Wie der Schnabel einer Drossel sieht es aus. Glaubst du etwa, ich heirate einen König Drosselbart?"

Nachdem die Prinzessin alle versammelten Prinzen abgewiesen und verspottet hatte, wurde der König bitterböse. „Du bist hochmütig und beleidigst alle meine Gäste. Zur Strafe sollst du den ersten Bettler zum Mann nehmen, der vor der Tür steht."

Ein paar Tage später kam ein Spielmann in schmutzigen, zerlumpten Kleidern ins Schloss und sang vor dem König und seiner Tochter ein Lied. Als er um Geld bettelte, sagte der König: „Dein Lied hat mir gefallen. Ich will dir dafür meine Tochter zur Frau geben."

Die Königstochter erschrak und weinte bitterlich, aber der König blieb hart. „Du hast die Strafe verdient. Und was ich geschworen habe, das will ich auch halten."

Alles Betteln und Flehen half nicht. Noch am selben Tage wurde die Prinzessin mit dem Bettler getraut. „Und nun ziehe mit deinem Spielmann durch die Welt, und hilf ihm beim Betteln", sagte der König. Der Königstochter blieb nichts anderes übrig, als an der Hand des zerlumpten Bettlers das Schloss zu verlassen.

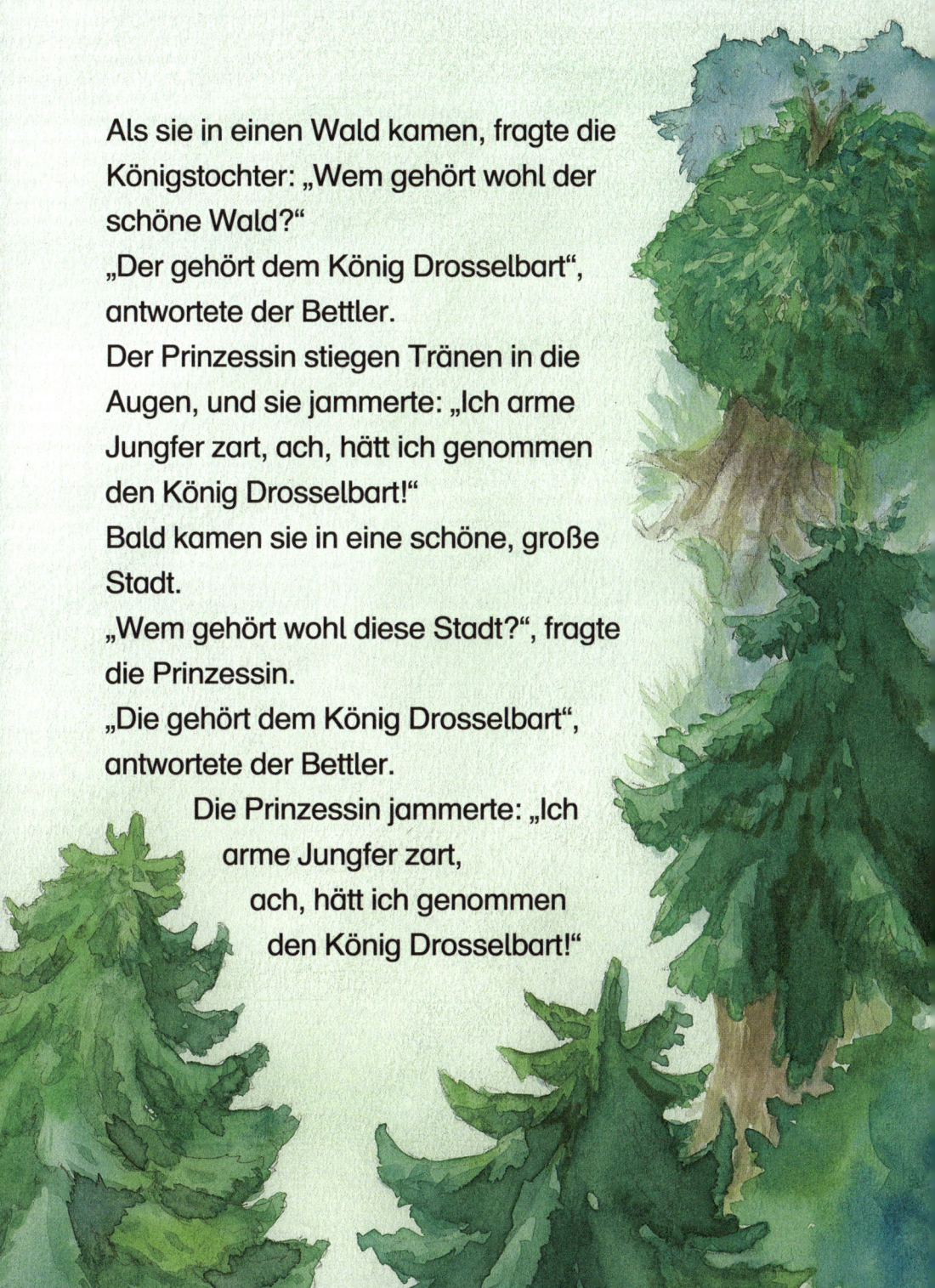

Als sie in einen Wald kamen, fragte die Königstochter: „Wem gehört wohl der schöne Wald?"

„Der gehört dem König Drosselbart", antwortete der Bettler.

Der Prinzessin stiegen Tränen in die Augen, und sie jammerte: „Ich arme Jungfer zart, ach, hätt ich genommen den König Drosselbart!"

Bald kamen sie in eine schöne, große Stadt.

„Wem gehört wohl diese Stadt?", fragte die Prinzessin.

„Die gehört dem König Drosselbart", antwortete der Bettler.

Die Prinzessin jammerte: „Ich arme Jungfer zart, ach, hätt ich genommen den König Drosselbart!"

Der Spielmann sagte mit bösem Gesicht: „Es gefällt mir gar nicht, dass du an einen anderen Mann denkst. Ich bin dir wohl nicht gut genug?"

Die Prinzessin gab dem Bettler keine Antwort. Endlich kamen sie an ein kleines Haus. Die Prinzessin sagte: „Ich habe noch nie ein so kleines, armseliges Haus gesehen. Wem gehört wohl das Haus?"

„Dir und mir", sagte der Bettler. „Das ist unser Haus. Darin werden wir als Mann und Frau wohnen."

Der Bettler führte die Prinzessin durch die niedrige Tür in die kleine Küche. Sie schaute sich entsetzt

um. Hier sollte sie wohnen? Schließlich fragte sie:
„Und wo sind die Diener und der Koch?"

„Diener und Köche gibt es nicht bei einem Bettler.
Hier muss eine Frau alles selbst machen", erklärte
der Mann. „Du kannst sofort anfangen. Mach das
Feuer im Herd an, und schäle Kartoffeln! Ich habe
Hunger."

Die Königstochter hatte noch nie im Leben
gearbeitet, so musste der Mann alles alleine
machen.

Eines Abends sagte er zu seiner Frau. „So geht
das nicht weiter. Wir haben nichts mehr zu essen.
Du musst jetzt Weidenkörbe flechten, um Geld zu
verdienen."

Der Bettler schnitt Weidenzweige ab und brachte
sie der Prinzessin. Da fing sie an, zu flechten, aber
die harten Weiden zerstachen ihre
zarten Hände. Sie schaffte es
nicht, einen einzigen Korb zu
flechten.

„Du bist zu nichts zu
gebrauchen", schimpfte

der Mann böse. „Vielleicht kannst du wenigstens auf dem Markt Töpfe und Geschirr verkaufen."

Die Prinzessin erschrak und jammerte: „Auf dem Markt könnten mich Leute aus dem Reich meines Vaters sehen. Ich würde mich zu Tode schämen."

Es half kein Jammern und Klagen. Am nächsten Morgen stand die Prinzessin auf dem Markt hinter einem Stand voller Geschirr. Sie hatte Glück. Ein paar Frauen kauften bei ihr Tassen und Teller. Mit dem Geld bezahlte sie das Essen für sich und ihren Mann. Aber es reichte nicht lange, und deshalb musste die Prinzessin wieder auf den Markt gehen. Diesmal stellte sie ihren Stand an eine Ecke des Marktes. Plötzlich kam ein Reiter in wildem Galopp und riss den Stand mitsamt dem ganzen Geschirr um. Alle Teller, Tassen und Schüsseln zersprangen in tausend Stücke. Die Prinzessin hockte inmitten der Scherben und weinte bitterlich.

Voller Angst lief sie nach Hause und erzählte von dem Unglück.

Am nächsten Tag sagte der Mann: „Ich habe dir

im Schloss eine Stelle besorgt. Du kannst die groben Arbeiten in der Küche machen."

So kam es, dass aus der Königstochter eine Küchenmagd wurde. Der Koch ließ sie die schwerste Arbeit tun. Dafür durfte sie etwas von den Resten der Speisen mit nach Hause nehmen. Sie füllte jeden Tag das Essen in zwei kleine Töpfchen, die sie in ihre großen Rocktaschen steckte.

Eines Tages gab es im Schloss ein großes Fest. Es sollte die Hochzeit des Königssohnes gefeiert werden.

Die Prinzessin schaute heimlich durch die Tür des Saales, in dem Hunderte von Kerzen brannten. Sie sah die Pracht und die Herrlichkeit und bereute ihren Stolz und ihren Hochmut. Nun musste sie ein Leben lang als Frau eines Bettlers leben. Vor Kummer liefen ihr die Tränen über die Wangen. Die Diener warfen der Küchenmagd ein paar Brocken von dem Hochzeitsmahl zu. Bald waren beide Töpfchen in ihren Taschen gefüllt, und die Prinzessin wollte nach Hause gehen. Vor der Tür kam ihr der Königssohn entgegen. Er war für seine Hochzeit in Samt und Seide gekleidet und trug eine goldene Kette um den Hals. Die Prinzessin in ihrem ärmlichen Kleid wagte nicht, die Augen zu heben. Sie erschrak, als der Königssohn nach ihrer Hand griff und sie in den Saal zog. Sie wollte sich losreißen und weglaufen, aber der Mann hielt sie fest. Der Königssohn tanzte mit der Küchenmagd, und die Leute im Saal lachten und spotteten. Als auch noch die beiden gefüllten Töpfchen aus den Taschen sprangen und auf den Boden kullerten, wäre die Prinzessin vor Scham am liebsten in der Erde versunken. Sie versuchte, zu fliehen, aber der Königssohn holte sie ein. Erst jetzt wagte sie, dem fremden Mann ins Gesicht zu sehen. Sie wurde vor Schrecken kreideweiß. Vor ihr stand der König Drosselbart, den sie abgewiesen und verspottet

hatte. Er sagte mit freundlicher Stimme: „Ich habe mich als Bettler verkleidet, und du hast mit mir in dem elenden Häuschen gelebt. Ich war auch der wilde Reiter, der das Geschirr auf dem Markt zertrümmert hat. Dein Vater und ich, wir wollten dich für deinen Hochmut bestrafen."

„Ich bin es nicht wert, deine Frau zu sein", schluchzte die Prinzessin.

„Hör auf, zu weinen!", sagte der König Drosselbart. „Die bösen Tage sind vorüber, und jetzt wollen wir ein großes Hochzeitsfest feiern. Es ist alles vorbereitet."

Da kamen zwei Dienerinnen und brachten der Prinzessin ein prächtiges Kleid. Als sie zurückkam, wartete schon im Saal der Vater der Prinzessin

und schloss seine Tochter glücklich in die Arme. König Drosselbart gab der schönen Prinzessin einen Kuss, und alle Gäste jubelten ihnen zu. Jetzt begann ein langes, großes, wunderschönes Hochzeitsfest. Es ist nur schade, dass wir beide, du und ich, nicht dabei sein konnten.

Schwan, kleb an!

Es war einmal ein König, der hatte große Sorgen.
Seine einzige Tochter war zwar wunderschön, aber
sie konnte nicht lachen! Der König ließ die größten
Spaßmacher des Landes ins Schloss holen. Sie
erzählten die lustigsten Geschichten und machten
die komischsten Kunststücke, aber keiner konnte
die Königstochter zum Lachen bringen.
In seiner Not schickte der König eine Botschaft in
alle Länder: „Wer die Prinzessin zum Lachen
bringt, soll reich belohnt werden!"
Viele Leute hielten sich für besonders klug oder
witzig und hofften auf reichen Lohn. Aber von
allen Leuten, die versuchten, die Prinzessin zum
Lachen zu bringen, schaffte es nicht ein Einziger.

Der König war enttäuscht und gab schließlich die Hoffnung auf. Aber jeder weiß, dass im Märchen manchmal Wunder geschehen.

In einem kleinen Ort mitten im Königreich lebte eine Familie mit drei Söhnen. Eines Tages ging Gottfried, der jüngste Sohn, in den Wald, um Holz zu sammeln. Er setzte sich auf einen Baumstamm und weinte bitterlich. Plötzlich stand eine alte Frau vor ihm.

„Warum weinst du?", fragte sie freundlich.

„Meine beiden großen Brüder behaupten, ich sei ein Dummkopf", klagte Gottfried.

Die alte Frau legte ihm die Hand auf die Schulter und sagte: „Die Welt ist so groß. Warum willst du für immer in dem kleinen Dorf bleiben? Du kannst auch in der Ferne dein Glück finden."

Ehe Gottfried antworten konnte, war die Frau verschwunden, aber

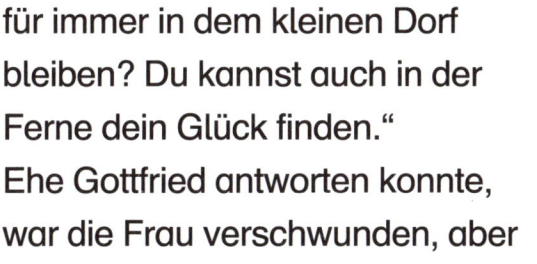

er konnte ihre Worte nicht vergessen. Und eines
Tages machte er sich auf in die weite Welt.

Am Rande des Dorfes blieb er stehen und schaute
sich noch einmal um. Der Abschied fiel ihm nicht
leicht, aber jetzt konnte er endlich beweisen, dass
er kein Dummkopf war.

Als Gottfried sich umdrehte, stand die alte Frau
hinter ihm. „Ich will dir einen Rat geben", sagte
sie. „Wandere, bis die Sonne untergeht! Dann
kommst du an einen Kreuzweg. Da steht ein
großer Birnbaum. Ein Mann hat einen schönen,
großen Schwan an den Baum gebunden. Binde
ihn los, dann wird er dich auf deinem Weg
begleiten!"

„Das muss ein ganz
besonderer Schwan sein",
meinte Gottfried.

„So ist es", sagte die alte
Frau und gab ihm ein
kleines Stöckchen.

„Wenn einer kommt und
den schönen weißen

Schwan berühren
will, sagst du einfach:
›Schwan, kleb an!‹ Jeder, der den
Schwan berührt, klebt an den Federn und kommt
erst wieder los, wenn du ihn mit dem Stöckchen
berührst."
Nach diesen Worten verschwand die alte Frau.
Gottfried wanderte bis zum Sonnenuntergang. Von
Weitem sah er schon den hohen Birnbaum. Als er

näher kam, entdeckte er auch den Schwan, der an dem Baum angebunden war. Noch nie hatte er einen so herrlichen Schwan gesehen. Er knüpfte ihn los und sah mit Staunen, dass das schöne Tier ihm brav folgte.

Am nächsten Morgen kam Gottfried in eine Stadt. Ein kleiner Junge sah den Schwan und wollte ihn streicheln.

„Schwan, kleb an!", rief Gottfried. Da klebte der Junge mit seiner Hand fest an den Federn. Es blieb ihm nichts anders übrig, als hinter dem Schwan herzulaufen. Eine Frau reichte dem Jungen die Hand und konnte nicht mehr loskommen. An einer Ecke stand ein Schornsteinfeger. Er wollte das Kind und die Frau befreien, aber er schaffte es nicht,

denn Gottfried hatte längst wieder „Schwan, kleb an!" gerufen. Vor der Tür des Bäckerladens stand der dicke Bäckermeister. Der Schornsteinfeger rief ihm zu: „Komm schnell, und reiß mich los!" Kaum hatte der weiße Bäckermeister den schwarzen Schornsteinfeger am Rock erwischt, da blieb er hängen. Einer nach dem anderen klebte fest: ein Polizist, ein Soldat, ein Clown, der Pastor, der Lehrer und sogar der Herr Bürgermeister. Die Frau des Bürgermeisters rief ihrem Mann zu: „Schämst du dich nicht, bei so einem Unfug mitzumachen?" Sie wollte ihren Mann befreien, aber Gottfried rief schnell: „Schwan, kleb an!"

Die Frau Bürgermeister schimpfte und zeterte,
und die Leute, die am Rand der Straße standen,
hielten sich die Bäuche vor Lachen.
Plötzlich kam eine goldene Kutsche um die Ecke
gefahren. Die Leute rissen die Hüte von den
Köpfen und jubelten, denn in der Kutsche saßen
der König und die Prinzessin. Der König winkte
lachend seinen Untertanen zu, aber die
Prinzessin machte wie immer ein
trauriges Gesicht. Plötzlich
entdeckte der Kutscher die
lange Menschenschlange
hinter dem Schwan. Er
hielt an und öffnete die
Tür der Kutsche. Der
König und die
Prinzessin stiegen aus.
„Was sehe ich denn
da?", rief der König und
lachte.
Die Prinzessin stand mit
ernstem Gesicht

neben dem König und verzog beim Anblick der langen Schlange keine Miene. Die Leute hinter dem Schwan machten die seltsamsten Verrenkungen, um sich zu befreien. Und alle Leute lachten, nur die schöne Prinzessin nicht. Aber was war das? Die Prinzessin klatschte plötzlich in die Hände. Und dann fing sie an, zu lachen. Sie lachte und lachte und lachte und konnte gar nicht mehr aufhören, zu lachen. Sie lachte zum allerersten Mal in ihrem Leben. Der König konnte es kaum fassen. Er nahm die Prinzessin in den Arm und war sehr glücklich. Die vielen Leute am Rand der Straße riefen: „Die Prinzessin hat gelacht! Sie hat wirklich gelacht." Die Kunde ging wie ein

Lauffeuer durch die Stadt, und jeder kam und wollte die Prinzessin lachen sehen.

Gottfried holte das Stöckchen aus der Tasche und befreite damit alle, die in langer Reihe an seinem Schwan hingen. Dann wollte er schnell davonlaufen, aber ein Diener griff nach ihm und führte ihn zum König.

„Du hast meine Tochter zum Lachen gebracht, und dafür will ich dich belohnen", sagte der König. „Du kannst wählen zwischen hundert Goldtalern oder einem Bauernhof."

Gottfried brachte vor Staunen kein Wort heraus. Der König forderte ihn auf, sich zu entscheiden. Da stotterte Gottfried: „Ich . . . ich nehme den Bauernhof."

Die Prinzessin staunte: „Niemals habe ich einen so herrlichen Schwan gesehen."

Sie bückte sich, streichelte über das schneeweiße Gefieder, und Gottfried sagte blitzschnell sein Sprüchlein: „Schwan, kleb an!" Da hing auch die Prinzessin am Schwan. Aber sie schimpfte und zeterte nicht wie die Frau Bürgermeister, nein, sie lachte und lachte und lachte. Und zuletzt lachte auch Gottfried, denn jetzt hatte er auch noch eine Prinzessin gefangen. Er berührte sie mit seinem Stöckchen, und schon war sie frei. Aber die Prinzessin bestand darauf, Gottfried und seinen Schwan mit ins Schloss zu nehmen.

Jetzt kann sich jeder denken, wie die Geschichte zu Ende ging. Die Prinzessin nahm Gottfried zum Mann, und alle Leute im Land feierten eine fröhliche Hochzeit. Und wenn sie nicht gestorben sind, dann lachen sie noch heute.

Geheimnisvolle Elfenmärchen

**Ausgewählt und neu erzählt
von Ilse Bintig**

**Mit Bildern von
Anke Dammann**

Die geheimnisvolle Flasche

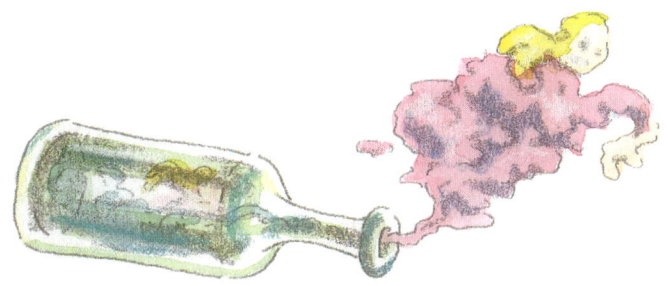

In einem Dorf in Irland erzählen die Leute eine
seltsame Geschichte:
Der Bauer Michael hatte von seinem Gutsherrn
ein Stück Land gepachtet. Nach kurzer Zeit
stellte er fest, dass das Land unfruchtbar war.
Trotzdem verlangte der reiche Gutsherr viel
Geld für das Stückchen Land.
Nach der schlechten Ernte konnte Michael die
Pacht nicht mehr bezahlen. Um seine Kinder
satt machen zu können, beschloss er, die
letzte Kuh zu verkaufen. Er machte sich auf
den Weg, um das Tier auf den Markt zu
bringen. Nach drei Stunden kam er auf die
Spitze eines Elfenhügels. Da hörte er eine

Stimme hinter sich: „Guten Morgen, lieber Mann!"

Michael schaute sich um und erschrak. Der Fremde war so klein wie ein Zwerg und hatte sich in ein langes graues Tuch gehüllt. Sein Gesicht sah aus wie ein welker Blumenkohl. Weiße, struppige Haare hingen ihm ins Gesicht, und seine Augen glänzten feuerrot. Michael fielen Geschichten von verwandelten Elfen ein, und ein Schauer lief ihm über den Rücken.

Der Fremde ging eine Weile schweigend neben ihm her. Dann fragte er mit schnarrender Stimme: „Wohin geht Ihr mit der Kuh, lieber Mann?"

„Auf den Markt. Ich will sie verkaufen", antwortete Michael höflich, aber er zitterte dabei vor Angst.

„Willst du sie mir verkaufen?", fragte der Fremde.

Michael erschrak. Er wollte mit dem unheimlichen Gesellen nichts zu tun haben, aber gleichzeitig fürchtete er sich, Nein zu sagen.

„Und wie viel willst du für die Kuh zahlen?",
fragte er zögernd.
Der Mann holte eine leere Flasche unter dem
Tuch hervor und hielt sie Michael entgegen.
„Hier, diese Flasche gebe ich dir. Sie wird dir
und deiner Familie Glück bringen."
Michael lachte trotz seiner Angst. „Eine leere
Flasche für meine gute Kuh? Ich bin doch kein
Dummkopf."
„Glaube mir, Michael Purcell, ich habe die
Wahrheit gesagt", versicherte der Mann.

Michael erschrak furchtbar. Woher wusste der Fremde seinen Namen? Was sollte er nur tun? Michael war verzweifelt. In seiner Not stammelte er: „Dann – dann gib mir die Flasche!"

„Hör gut zu, was ich dir sage!", befahl der Kleine. „Wenn du nach Hause kommst, bleib ganz ruhig, auch wenn deine Marie mit dir schimpft. Lass sie das ganze Haus putzen und eine saubere Decke auf den Tisch legen. Dann stellst du die Flasche auf die Erde und sagst: ‚Flasche, geh an die Arbeit!'"

Michael war ganz wirr im Kopf, als der Fremde den Namen seiner Frau aussprach. Er wollte den unheimlichen Gesellen schnell loswerden und gab ihm die Kuh. Als der Mann die Kuh forttrieb, schaute sich Michael noch einmal um. Er sah den Mann über die Wiese gehen, aber die

Kuh war verschwunden. Michael steckte die
Flasche vorsichtig in die Tasche und machte
sich auf den Heimweg. Seine Frau Marie freute
sich, als er nach Hause kam. Als sie aber hörte,
dass Michael die Kuh gegen eine leere Flasche
eingetauscht hatte, wurde sie böse und
schimpfte. „Du bist ein großer Dummkopf,
Michael! Ein Tölpel bist du!"
Michael blieb ruhig, so wie der Fremde es ihm
befohlen hatte. Als Marie endlich aufhörte, zu
schimpfen, erzählte
ihr Michael von
seinem Erlebnis.

Da schöpfte die Frau Hoffnung, denn sie glaubte fest an die Macht der Elfen. Sie putzte das Haus, legte eine frische Decke auf den Tisch und rief die Kinder herein. Michael stellte die Flasche auf den Boden und rief:
„Flasche, geh an die Arbeit!"
Da schoss ein Lichtstrahl aus der Flasche, und zwei Mädchen sprangen heraus. Sie stellten goldene Teller und Schüsseln auf den Tisch und trugen die herrlichsten Speisen auf. Die Kinder jubelten und ließen es sich schmecken. Jetzt mussten sich die Eltern keine Sorgen mehr machen. Sie hatten genug zu essen und zu trinken. Michael verkaufte in der Stadt die goldenen Teller und Schüsseln. Für das Geld kaufte er sich ein Pferd und einen Wagen, und bald standen auch wieder ein paar Kühe im Stall. Endlich konnte Michael die Pacht bezahlen.
Der Gutsherr konnte es sich nicht erklären, woher die Leute das viele Geld hatten.
Eines Tages tauchte der Gutsherr in Michaels

Haus auf. Er quälte den Bauern so lange, bis er ihm von der Flasche erzählte.

„Gib mir die Flasche!", sagte der Gutsherr. „Ich schenke dir dafür das Land, das du von mir gepachtet hast."

Michael wehrte sich, aber der Gutsherr bedrängte ihn so sehr, dass er ihm schließlich die Flasche geben musste.

Es dauerte nicht lange, da waren die Leute wieder so arm wie vorher. Schließlich besaßen sie nur noch eine einzige Kuh. Nun machte sich Michael wieder auf den Weg, um die Kuh auf dem Markt zu verkaufen.

Als er auf die höchste Stelle des Hügels kam, hörte er die Stimme des alten Männchens. Er war erschrocken, aber auch erfreut, denn er hoffte auf die Hilfe der Elfen.

„Na, habe ich recht gehabt?", fragte der Kleine. „Alles, was du gesagt hast, ist eingetroffen. Ich bin ein reicher Mann geworden, aber jetzt bin ich wieder so arm wie damals."

„Ich kenne deine Geschichte", murmelte die unheimliche Gestalt.

Michael nahm allen Mut zusammen und sagte: „Ich bitte dich, hilf mir noch einmal, damit ich meine Kinder satt machen kann!"

Es kam keine Antwort. Der Mann war mit der Kuh verschwunden und vom Elfenhügel herab erklang ein unheimliches Lachen. Im gleichen Augenblick hielt Michael eine leere Flasche in der Hand. Er freute sich und machte sich sofort auf den Heimweg, aber in der Ferne hörte er noch lange das höhnische Lachen.

Seine Frau Marie stand schon vor dem Haus und wartete auf ihn. Er winkte ihr von Weitem mit der Flasche in der Hand zu.

Die Frau strahlte und sagte: „Michael, du bist ein Glückspilz."

Sie fing sofort an, zu putzen, und es dauerte nicht lange, da blitzte und blinkte es in allen Räumen. Zuletzt legte sie eine weiße Decke auf den Tisch und rief die Kinder ins Haus. Alle standen erwartungsvoll um den Tisch herum. Der Vater stellte die Flasche auf den Boden und rief: „Flasche, geh an die Arbeit!"

Da sprangen zwei wilde Kerle aus der Flasche und schlugen mit dicken Knüppeln auf Michael ein. Die Kinder schrien erschrocken auf und weinten. Marie wollte ihrem Mann helfen, aber da waren die wilden Kerle schon wieder in der Flasche verschwunden. Die Kinder und die Mutter schauten ängstlich auf die Flasche, nur Michael lachte laut.

„Aha!", sagte er, „jetzt weiß ich, warum die Elfen mir die Flasche gegeben haben."

Marie schüttelte den Kopf. Sie konnte nicht begreifen, dass ihr Mann lachte. Michael machte ein verschmitztes Gesicht, nahm die Flasche und ging zum Haus des hartherzigen Gutsherrn.

Von Weitem hörte er schon eine laute Musik, denn es wurde im Haus des Gutsherrn ein großes Fest gefeiert. Michael bat einen Diener, seinen Herrn zu holen. Es dauerte nicht lange,

da kam der Gutsherr aus dem Saal. Michael flüsterte ihm zu: „Ich habe eine neue Flasche."
„Und – ist sie so gut wie die erste?", fragte der Gutsherr neugierig.
„Kein Vergleich! Die neue Flasche kann noch viel mehr als die alte", antwortete Michael.
„Wenn ich darf, kann ich sie gleich bei allen Gästen vorführen."
„Das ist eine gute Idee. Komm nur herein, Michael!", sagte der Gutsherr.

Der Saal war voller Gäste, und alle staunten, als der Hausherr eine große Vorführung ankündigte.

Michael zog seine Flasche aus der Manteltasche, stellte sie auf den Boden und rief: „Flasche, geh an die Arbeit!"

Da sprangen die wilden Kerle aus der Flasche und prügelten mit ihren dicken Knüppeln auf den Gutsherrn ein. Der jammerte und schrie: „Bring die Kerle zur Ruhe!"

„Sie hören erst auf, wenn Ihr mir meine Flasche zurückgebt", antwortete Michael.

Der Gutsherr lag auf dem Boden und stöhnte, aber die Kerle schlugen weiter auf ihn ein.

Schließlich rief er seinen Dienern zu: „Gebt ihm die Flasche!"

In diesem Augenblick hörten die wilden Kerle auf, zu schlagen, und verschwanden.

Michael nahm die beiden Wunderflaschen und trug sie nach Hause. Jetzt hatte alle Not ein Ende. Die Elfen brachten der Familie ein Leben lang Glück.

Der Ritt auf dem Kälbchen

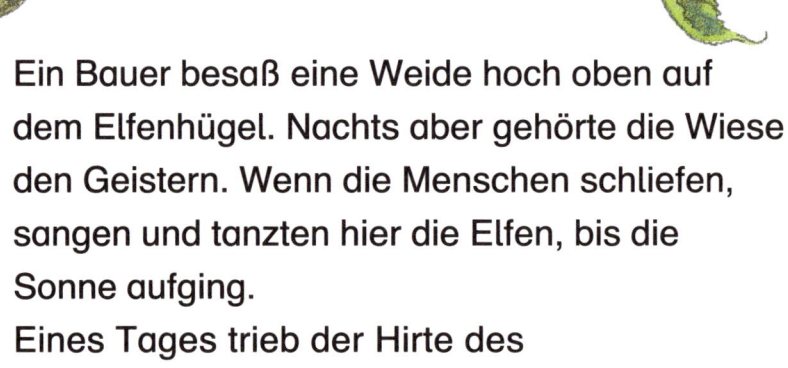

Ein Bauer besaß eine Weide hoch oben auf
dem Elfenhügel. Nachts aber gehörte die Wiese
den Geistern. Wenn die Menschen schliefen,
sangen und tanzten hier die Elfen, bis die
Sonne aufging.
Eines Tages trieb der Hirte des
Bauern eine Kuhherde auf
den Hügel. Dort
sollten die Kühe
bleiben und sich
satt fressen.
Die Elfen
waren jedoch
bitterböse, denn sie

86

wollten keinen Menschen auf der Wiese sehen.
Sie gingen zur Elfenkönigin und klagten: „Ein
Hirte sitzt jede Nacht auf der Wiese und hütet
eine Kuhherde. Der Mensch stört uns. Was
sollen wir tun?"
Die Königin tröstete die Elfen und sagte: „Ich
werde mich verwandeln
und den Hirten und
seine Herde so
erschrecken, dass er
mit den Tieren die
Flucht ergreift."

Als es Nacht wurde, lag der Hirte in einen dicken Mantel gehüllt auf der Weide und schaute hinauf zu den Sternen. Die Tiere waren satt und träge und kauten still vor sich hin. Da hörte der Hirte ein Rauschen in der Ferne. Er richtete sich erschrocken auf. Ein mächtiges Ross mit Adlerflügeln und Drachenschweif flog über ihn hinweg. Dabei stieß es Feuer aus, sodass es aussah, als stünde der Himmel in Flammen. Der Hirte war starr vor Schrecken, und die Ochsen und Kühe wurden unruhig und brüllten.

In der nächsten Nacht war der Hirte gerade eingeschlafen, da weckte ihn ein helles Licht.

Vor ihm stand mitten im Feuer ein Mann mit einem Ochsenkopf. Der Hirte schrie vor Angst auf und schlug die Hände vors Gesicht. Die Kühe und Ochsen stimmten ein fürchterliches Gebrüll an. Aber am lautesten blökte, heulte und krächzte das Ungeheuer. Die ganze Nacht trieb es sein böses Spiel mit dem Hirten. Erst als hinter dem Hügel die Sonne aufging, verschwand das schreckliche Ungeheuer.

In der dritten Nacht erschien die Elfenkönigin dem Hirten in der Gestalt eines brüllenden Affen mit riesigen Entenfüßen. Der Hirte sprang erschrocken auf und konnte vor Entsetzen die Augen nicht schließen. So war er gezwungen, das Ungeheuer anzustarren, bis ihm die Haare zu Berge standen und die Zähne klapperten.

In jeder Nacht erschien nun die Elfenkönigin in einer anderen Gestalt. Die Kühe hatten keine Ruhe und wollten nicht mehr fressen. Sie wurden immer magerer und gaben keine Milch mehr. Der Hirte zitterte schon vor Angst, wenn es dunkel wurde. Es blieb ihm schließlich nichts anderes übrig, als den Elfenhügel zu verlassen. Er trieb die Kuhherde auf den Hof des Bauern und erzählte von dem nächtlichen Treiben. Zum Schluss erklärte er: „Ich halte es auf dem Elfenhügel nicht mehr aus. Ich werde mir eine andere Stelle suchen."

Bald wussten alle Leute im Dorf, was auf dem Elfenhügel geschah. Obwohl der Bauer den doppelten Lohn zahlen wollte, war kein Hirte bereit, länger als eine Nacht auf dem Hügel zu verbringen. Jetzt konnten die Tiere nicht mehr auf die Weide getrieben werden und mussten im Stall bleiben. Die Elfen freuten sich und bedankten sich bei der Elfenkönigin. Die Wiese gehörte nun wieder den kleinen Geistern. Sie tanzten und sangen im Mondlicht und feierten große Feste

unter den Schirmen der Pilze. Der Bauer aber wusste keinen Rat mehr. Seine Tiere hatten nicht genug zu fressen und wurden krank. Bald hatte der arme Mann kein Geld mehr, um beim Gutsherrn die Pacht zu bezahlen.

Eines Tages ging er zum Markt und traf einen jungen Mann, der auf seiner Pfeife ein lustiges Lied blies. Der Bauer kannte den Mann. Er hieß Lorenz und war in der ganzen Umgebung bekannt. Keiner konnte so gut auf der Pfeife blasen wie er. Wenn er spielte, liefen die Leute zusammen und hörten ihm zu. Lorenz war ein junger starker Mann, der sich vor nichts fürchtete. Als einmal ein wilder Ochse ausbrach und alles niedertrampelte, fing Lorenz ihn wieder ein.

„Guten Morgen", rief der junge Mann dem Bauern entgegen. Er zeigte auf die Sonne und

lachte: „Ein wunderschöner Tag wird das heute. Ein Tag so richtig zum Tanzen und Singen!"

„Du hast gut lachen, Lorenz", brummte der Bauer, „du hast keine Sorgen, aber mir ist nicht zum Lachen zumute."

„Was ist los mit dir?", fragte Lorenz.

Die beiden Männer setzten sich an den Rand des Weges, und der Bauer erzählte von dem Treiben auf dem Elfenhügel.

Lorenz lachte schallend und meinte: „Wenn das alles ist, was dich bedrückt, dann kann ich dir helfen. Lass mich deine Herde auf dem Elfenhügel hüten! Ich fürchte mich nicht vor Geistern."

Der Bauer schaute sich ängstlich um. „Rede nicht so laut, Lorenz! Wenn die Elfen dich hören, werden sie sich rächen."

„Mit den Elfen werde ich schon fertig", sagte Lorenz. „Also, wann kann ich als Hirte bei dir anfangen?"

„Von mir aus sofort", erklärte der Bauer. Er war froh, endlich einen Hirten gefunden zu haben.

Schon am nächsten Tag waren die Ochsen und Kühe des Bauern wieder auf dem Elfenhügel. Es wurde dunkel. Lorenz setzte sich auf einen Stein, holte seine Pfeife heraus und blies ein lustiges Lied. Als die Elfen sahen, dass wieder ein Mensch auf dem Hügel war, liefen sie zur Elfenkönigin und beklagten sich.

„Ich werde dem neuen Hirten das Fürchten lehren", versprach die Elfenkönigin. „Er wird keine einzige Nacht mehr auf dem Elfenhügel bleiben."

Als der Mond aufging, sah Lorenz am Himmel eine riesige schwarze Katze, die einen krummen Buckel machte und fürchterlich miaute. Sie wurde immer größer, aber Lorenz ließ sich nicht stören, er blies weiter auf seiner Pfeife. Das ärgerte die Elfenkönigin, und sie verwandelte sich in einen riesigen roten Fisch, der auf seinem Schwanz um den Hirten herumtanzte.

„Das gefällt mir", rief Lorenz, „tanz nur weiter, ich mache die Musik dazu."

Die Elfenkönigin war wütend und

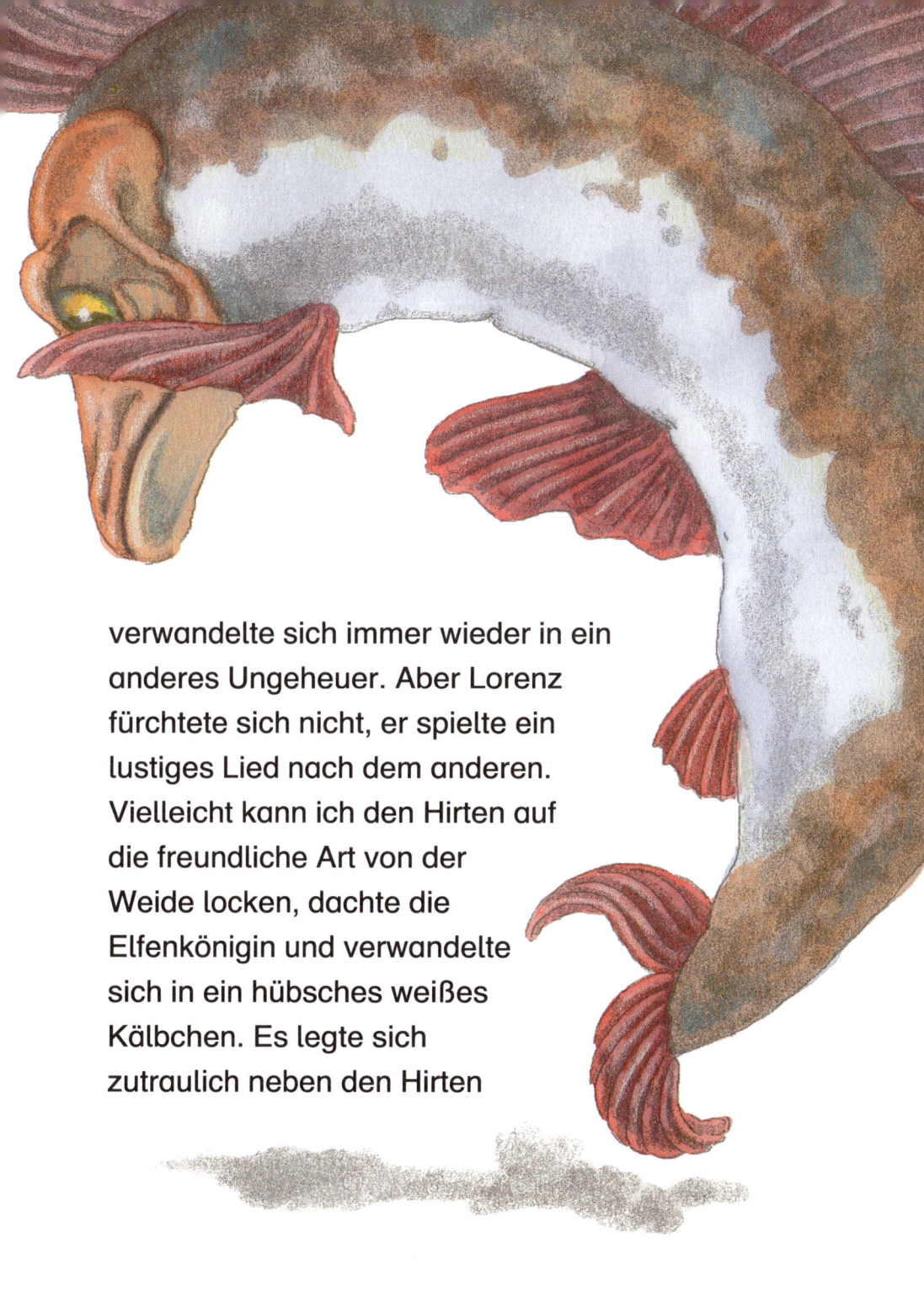

verwandelte sich immer wieder in ein
anderes Ungeheuer. Aber Lorenz
fürchtete sich nicht, er spielte ein
lustiges Lied nach dem anderen.
Vielleicht kann ich den Hirten auf
die freundliche Art von der
Weide locken, dachte die
Elfenkönigin und verwandelte
sich in ein hübsches weißes
Kälbchen. Es legte sich
zutraulich neben den Hirten

und wollte sich streicheln lassen. Lorenz aber ließ sich nicht überlisten und sprang mit einem Satz auf den Rücken des Kälbchens. Das kleine Tier stürmte los und wollte den Reiter abwerfen, aber es gelang ihm nicht. Es sprang in riesigen Sätzen bis an den breiten Fluss, der ins Meer mündete. Das Kälbchen bäumte sich hoch auf, sprang über den Fluss und landete sicher am anderen Ufer. Dann blieb es stehen und ließ den Reiter absteigen. Lorenz lachte und sagte: „Das hast du gut gemacht. Für ein Kälbchen war das ein gewaltiger Sprung, und mir hat der Ritt Spaß gemacht."

Das weiße Kälbchen schaute ihn eine Weile erstaunt an. Und dann . . . Lorenz traute seinen Augen nicht. Es stand kein weißes Kälbchen mehr vor ihm, sondern die Elfenkönigin in ihrer richtigen Gestalt.

„Lorenz", sagte sie, „du bist ein mutiger Bursche. Willst du den Ritt noch einmal machen?"

„Nichts täte ich lieber", antwortete Lorenz.

Da verwandelte sich die Elfenkönigin wieder in

ein kleines weißes Kalb. Lorenz stieg auf seinen Rücken, und das Kälbchen sprang in einem einzigen Satz über den breiten Fluss bis auf die Spitze des Elfenhügels. Als Lorenz abgestiegen war, wurde aus dem Kalb wieder die Elfenkönigin.

Sie sagte: „Ich will dich für deinen Mut belohnen. Wenn du versprichst, die Elfen beim Singen und Tanzen niemals zu stören, will ich dir erlauben, die Herde auf dem Elfenhügel zu hüten."

Das versprach Lorenz, und er hielt sein Versprechen. Der Bauer freute sich und bat den Hirten, bei ihm zu bleiben. Lorenz lebte bis an sein Lebensende friedlich mit den Geistern zusammen auf dem Elfenhügel.

Zauberhafte Feenmärchen

Neu erzählt von Irma Krauß

Mit Bildern von
Kirsten Strassmann

Dornröschen

Ein König und eine Königin wünschten sich
sehnlichst ein Kind. Einmal saß die Königin
traurig im Bad, als ein Frosch ihr verkündete,
dass sie bald ein Kind haben würde. Und
tatsächlich: Im nächsten Jahr gebar die Königin
ein gesundes, schönes Mädchen. Der König
sagte vor lauter Freude ein Fest an. Er lud auch
die Feen des Landes dazu ein, sie sollten dem
Kind ihre Wundergaben schenken.
Dreizehn Feen gab es in seinem Reich. Da der
König aber nur zwölf goldene Teller besaß, lud
er eine Fee nicht ein.
Während des Festes beschenkten die Feen das
Kind mit allem, was sie zu geben hatten: mit

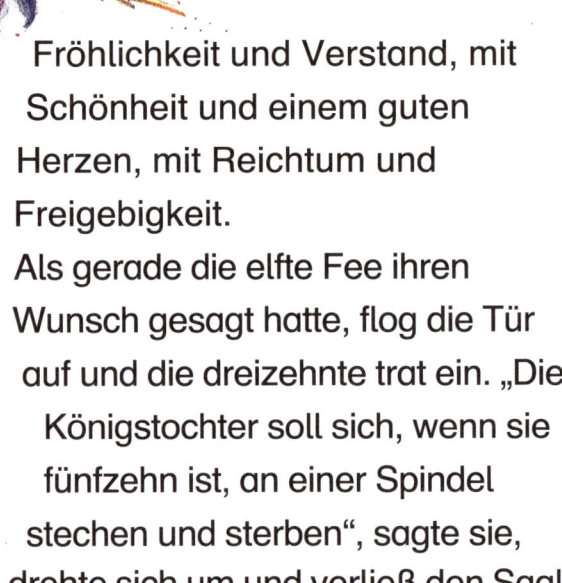

Fröhlichkeit und Verstand, mit Schönheit und einem guten Herzen, mit Reichtum und Freigebigkeit.

Als gerade die elfte Fee ihren Wunsch gesagt hatte, flog die Tür auf und die dreizehnte trat ein. „Die Königstochter soll sich, wenn sie fünfzehn ist, an einer Spindel stechen und sterben", sagte sie, drehte sich um und verließ den Saal.

Die Festgäste waren verstummt, das Kind in der Wiege fing zu weinen an. Da erhob sich die zwölfte Fee, die ihren Wunsch noch nicht gesprochen hatte. „Kleine Prinzessin", sagte sie, „ich kann den Fluch nicht aufheben. Aber mildern kann ich ihn. Du sollst nicht tot sein, sondern nur hundert Jahre schlafen."

Als das Mädchen heranwuchs, erfüllten sich an ihm alle guten Wünsche der Feen, und jeder, der die Prinzessin sah, gewann sie lieb. Damit sich der böse Wunsch nicht erfüllen konnte,

hatte der König sofort alle Spindeln im Reich
vernichten lassen. Sodass man den Fluch mit
der Zeit vergaß und niemand am fünfzehnten
Geburtstag der Königstochter an Schlimmes
dachte – der König und die Königin fuhren
an diesem Tag sogar weg.
Das Mädchen war allein und wanderte im
Schloss herum, durch Säle, Stuben und
Kammern. Zuletzt kam es zu einem alten
Turm und stieg hinauf. Oben war eine
abgeschlossene Tür, hinter der sich
aber etwas rührte. Die Prinzessin
drehte den rostigen Schlüssel um,
die Tür sprang auf, und eine
alte Frau saß in der
Turmstube und spann.
Misstrauen war der
Prinzessin fremd, die
Feen hatten ihr ein
frohes, argloses Gemüt
geschenkt. Und weil die
Spindel so lustig hüpfte,

103

wollte sie sie in die Hand nehmen. Die Alte gab
sie ihr. Da stach sich die Königstochter in den
Finger und fiel in einen tiefen Schlaf.
Auch der König und die Königin, die von ihrer
Reise zurückgekehrt waren, schliefen ein und
mit ihnen der ganze Hofstaat. Es schliefen die
Hunde und Katzen, die Pferde, die Tauben und
sogar die Fliegen an der Wand. In der Küche
erlosch das Feuer, und der Koch, der dem
Küchenjungen gerade eine Ohrfeige geben

wollte, ließ die Hand fallen und schlief ein. Eine Dornenhecke wuchs um das Schloss, so dicht, dass niemand hindurchkommen konnte. Sie reichte bis hinauf zu den Turmspitzen, man sah nicht einmal mehr die Fahne. Die Leute im Land staunten zuerst und erzählten dann ihren Kindern, dass hinter der Hecke ein Schloss sei und dass darin eine wunderschöne Prinzessin schlafe und auf einen Prinzen warte. Die Kinder erzählten es ihren Kindern weiter. Die Sage von Dornröschen verbreitete sich bald über die Grenzen des Landes hinaus und lockte so manchen fremden Königssohn an. Doch die Dornen hielten jeden fest, der die Prinzessin sehen wollte. Bald gab es keinen Prinzen mehr, der den Versuch gewagt hätte.

So vergingen viele Jahre, und das Schloss geriet beinahe in Vergessenheit. Da reiste einmal ein Königssohn durch das Land. Am Horizont sah er einen merkwürdigen grünen Hügel. Er erkundigte sich, was das sei. Ein alter Mann, der es noch von seinem Großvater wusste, konnte ihm

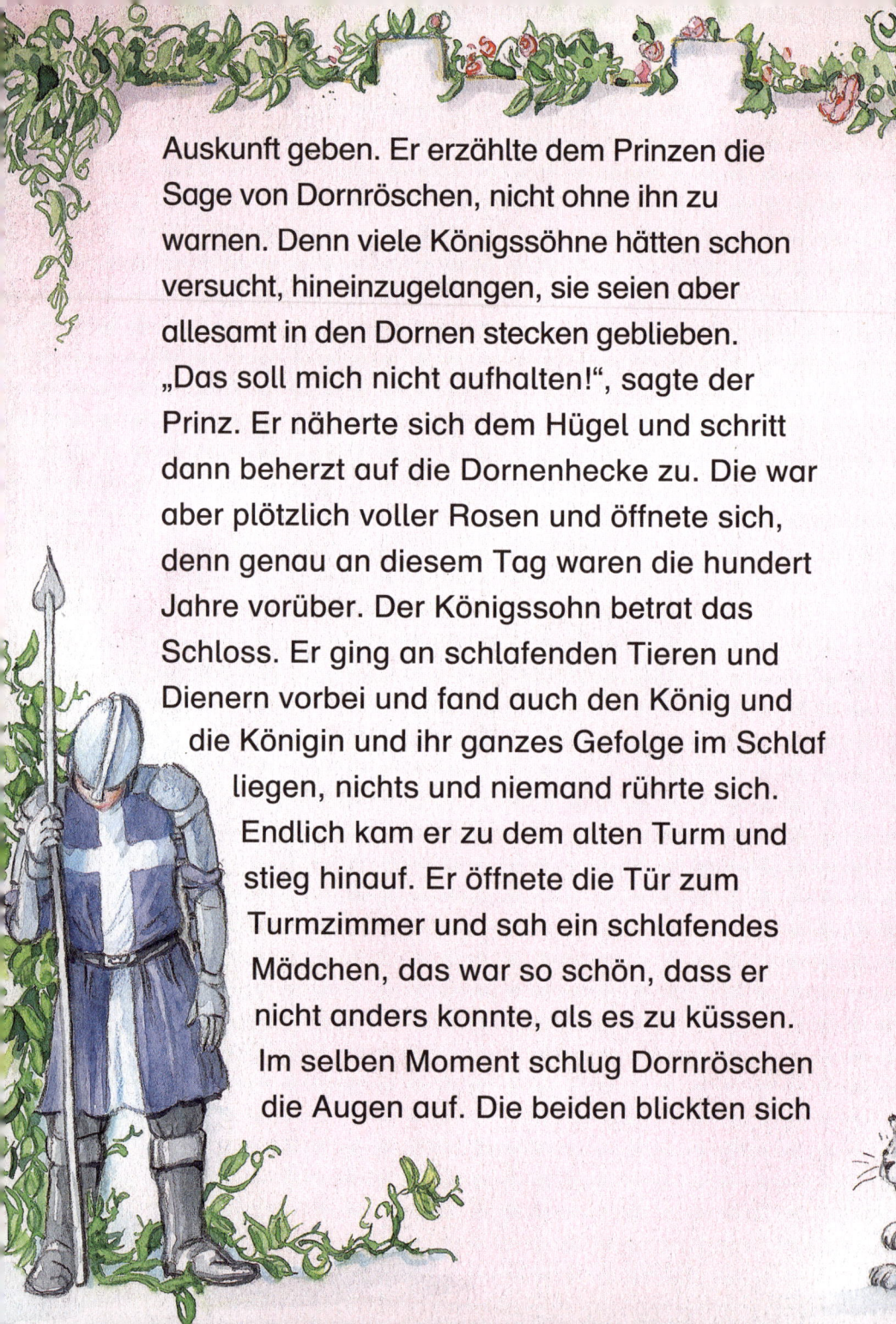

Auskunft geben. Er erzählte dem Prinzen die Sage von Dornröschen, nicht ohne ihn zu warnen. Denn viele Königssöhne hätten schon versucht, hineinzugelangen, sie seien aber allesamt in den Dornen stecken geblieben. „Das soll mich nicht aufhalten!", sagte der Prinz. Er näherte sich dem Hügel und schritt dann beherzt auf die Dornenhecke zu. Die war aber plötzlich voller Rosen und öffnete sich, denn genau an diesem Tag waren die hundert Jahre vorüber. Der Königssohn betrat das Schloss. Er ging an schlafenden Tieren und Dienern vorbei und fand auch den König und die Königin und ihr ganzes Gefolge im Schlaf liegen, nichts und niemand rührte sich. Endlich kam er zu dem alten Turm und stieg hinauf. Er öffnete die Tür zum Turmzimmer und sah ein schlafendes Mädchen, das war so schön, dass er nicht anders konnte, als es zu küssen. Im selben Moment schlug Dornröschen die Augen auf. Die beiden blickten sich

innig an. Dann liefen sie miteinander die Wendeltreppe hinab. Alles, was da lag und schlief, wachte auf: der König und die Königin, die Hofdamen und Herren, die Diener und Mägde. Sie sahen sich verwirrt um, dann standen sie auf. Die Tiere schüttelten sich und fingen zu bellen, miauen, wiehern, gurren und summen an. Der Küchenjunge bekam seine Ohrfeige, als wäre nichts geschehen. Und doch war rings um das Schloss eine Hecke, die nur in hundert Jahren so hoch gewachsen sein konnte.

Die Prinzessin heiratete den Prinzen, und sie lebten glücklich bis an ihr Ende.

Die Fee

Eine Witwe hatte zwei Töchter. Die ältere war
unausstehlich wie sie selbst, die jüngere glich
ihrem verstorbenen Vater und war gutherzig und
schön. Die Mutter liebte aber nur ihre missratene
Tochter. Von der jüngeren ließen sie sich
bedienen, sie musste hart arbeiten und auch
noch jeden Tag den weiten Weg zum Brunnen
laufen, um frisches Wasser zu holen.
Einmal, als das gute Mädchen beim Brunnen
war, kam eine alte Frau und bat um Wasser.
„Gern, Mütterchen", sagte es, wusch den Krug
aus, füllte ihn und hielt ihn an die Lippen der
alten Frau.
Diese war aber eine Fee, die sich verkleidet

hatte, um das Mädchen zu prüfen. „Ich will dir deine Güte lohnen, liebes Kind", sagte sie. „Jedes deiner Worte soll eine Blume oder ein Edelstein sein."

Als das Mädchen verspätet zu Hause eintraf und die Mutter keifte, entschuldigte es sich, und siehe da: Rosen, Perlen und Diamanten kamen aus seinem Mund.

Die Mutter staunte. Da erzählte das Mädchen, was ihm geschehen war, und mit jedem Wort sprangen Edelsteine hervor. Die Mutter rief sogleich ihre andere Tochter, erklärte ihr, was sie machen müsse, und schickte sie mit einer silbernen Kanne zum Brunnen. Maulend gehorchte das böse Mädchen. Als es am Brunnen auf die alte Frau wartete, kam eine fein gekleidete Dame des Weges und bat um Wasser.

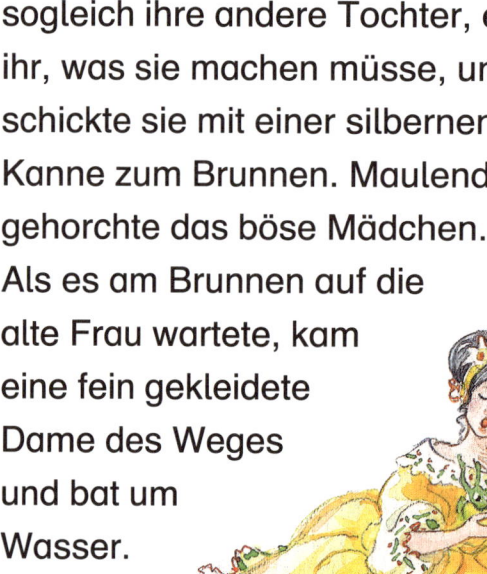

Es war dieselbe Fee, die nun aber in anderer
Gestalt auftrat, um das böse Mädchen zu
prüfen.

Das sagte mürrisch: „Es fällt mir nicht ein, Euch
zu bedienen. Trinkt doch, wenn Ihr trinken wollt,
es ist genug Wasser da."

„Mein Kind, das ist nicht nett von dir", sagte die
Fee. „Dafür soll jedes deiner Worte eine
Schlange oder Kröte sein."

Das böse Mädchen ging nach Hause. Ihre
Mutter rief ihr entgegen: „Nun, meine Tochter,
wie ist's?"

„Nun, meine Mutter, so ist's!", erwiderte die
Tochter, und aus ihrem Mund fielen Schlangen
und Kröten.

Die Mutter geriet in großen Zorn. „Daran ist nur
deine Schwester schuld, sie soll dafür büßen!",
schrie sie und lief, um die jüngere
durchzuprügeln.

Das arme Mädchen floh in den Wald. Es wusste
nicht, was es tun sollte, und weinte bitterlich.
Der Königssohn, der von der Jagd zurückkehrte,

hielt sein Pferd an und fragte, was es denn für
einen Kummer habe. Als es erzählte, seine
Mutter habe es aus dem Haus gejagt, hüpften
Perlen und Diamanten aus seinem Mund.
Dem Prinzen hatte das Mädchen gleich
gefallen, und diese Eigenschaft nun schien ihm
besser als alles, was ihm eine Königstochter
bieten konnte. Er nahm das Mädchen mit und
heiratete es.

Die böse Schwester hingegen hatte
durch die Gabe, Schlangen und
Kröten zu sprechen, nicht
gewonnen. Zuletzt wurde sie
von ihrer Mutter verjagt.
Sie irrte in der Welt
umher, und
niemand
nahm sie auf.

Prinz Achmed und
die Fee Pari Banu

Der Sultan von Hindustan hatte drei Söhne:
Hussein, Ali und Achmed. Alle drei Prinzen
verliebten sich in dieselbe Prinzessin, eine
Nichte des Sultans, die auch im Palast lebte.
Da der Sultan nicht wusste, wem er sie geben
sollte, schickte er die Söhne auf Reisen.
Derjenige von ihnen, der mit der größten
Merkwürdigkeit heimkehren würde, sollte die
Prinzessin zur Frau bekommen. Die Brüder
verließen den Palast und trennten sich an einer
Kreuzung, nachdem sie vereinbart hatten, sich
hier nach einem Jahr wiederzutreffen.
Der älteste hatte oft von den Wundern einer

Stadt im Süden Indiens gehört, und dorthin ritt
er. Als er angekommen war, ging er auf den
Basar, wo es in unzähligen Läden Waren gab,
wie er sie noch nie gesehen hatte. Er bestaunte
die seltsamen Dinge, konnte sich aber für keines
entscheiden.

Da kam ein Händler des Weges und bot einen
schlichten Teppich zum Kauf an. Der Prinz
wunderte sich über den hohen Preis.

„Mein Herr, dieser Teppich ist einzigartig",
sagte der Händler. „Wer darauf sitzt und sich an
einen anderen Ort wünscht, wird dorthin
getragen, egal, wie weit die Entfernung ist."

Das wollte der Prinz sehen. Der Händler breitete
den Teppich aus, sie setzten sich beide darauf,
und der Prinz wünschte sich in seine Unterkunft.
Als sie tatsächlich im Nu dort waren, bezahlte er
den hohen Preis und hätte sich am liebsten
sofort nach Hause tragen lassen, denn sicher
hatte er die größte Merkwürdigkeit gefunden.
Doch er musste bis zum Tag der Verabredung
warten. Als die richtige Stunde nahte, setzte er
sich auf den Teppich und wünschte sich ins
Gasthaus an der Kreuzung.
Der zweite Prinz war indessen in die Hauptstadt
Persiens gereist. Auch diese Stadt besaß einen
prächtigen Basar. Prinz Ali besah sich die
wundervollen Waren. Er schüttelte den Kopf
über einen Händler, der für ein Rohr aus
Elfenbein einen hohen Preis verlangte.
„Mein Herr", sagte der Händler, „du würdest

jeden Preis für diesen Gegenstand bezahlen, wenn du seine Kräfte kennen würdest. Halte dein Auge an ein Ende des Rohrs, dann siehst du, was du sehen möchtest, und sollte es noch so weit entfernt sein."

Der Prinz blickte in das Rohr. Er dachte an seinen Vater, und schon sah er ihn auf seinem Thron sitzen. Und auch die geliebte Prinzessin konnte er sehen, sie plauderte und lachte inmitten ihrer Zofen. Da bezahlte der Prinz gern den geforderten Preis. Nichts Seltsameres als diese Röhre aus Elfenbein konnte es geben, und die Prinzessin war sicherlich sein. Er reiste ab und kam nach Monaten im Gasthaus an der Kreuzung an, wo soeben auch der ältere Bruder eingetroffen war.

Der jüngste, Prinz Achmed, hatte die weite

Reise nach Samarkand unternommen. Auch er ging zum Basar. Dort quollen die Stände über von wertvollen Waren, von Dingen, die selbst ein Königssohn noch nicht gesehen hatte. Nur ein Händler bot für einen hohen Preis einen einfachen Apfel zum Kauf an. Der Prinz lachte ungläubig.

Da sagte der Händler: „Herr, dieser Apfel ist noch viel mehr wert. Denn er kann jeden Kranken heilen, der an ihm riecht."

„So lass mich seine Zauberkraft sehen", verlangte der Prinz. Der Händler führte ihn daraufhin zu einem Mann, den die Ärzte bereits aufgegeben hatten, und kaum hatte der Sterbende am Apfel gerochen, war er auch schon gesund. Prinz Achmed bezahlte den geforderten Preis und reiste voller Freude mit dem Apfel nach Hause.

Im Gasthaus an der Kreuzung warteten seine Brüder auf ihn. Alle drei waren glücklich, einander gesund wiederzusehen. Prinz Hussein breitete seinen fliegenden Teppich aus. Prinz Ali hielt ihm dafür das Fernrohr ans Auge. „Schau dir dein Liebstes an", sagte er.

Prinz Hussein dachte an die Prinzessin, blickte hinein – und erschrak. „Oh, meine Brüder, alles war umsonst, die Prinzessin liegt todkrank darnieder!"

Die jüngeren Brüder überzeugten sich von der Richtigkeit seiner Worte. Prinz Achmed zog seinen Zauberapfel heraus und rief: „Wenn wir sofort auf dem Wunderteppich nach Hause fliegen, kann ich die Prinzessin retten!"

Die Prinzen setzten sich auf den Teppich, und jeder wünschte sich ans Bett der Prinzessin, wo sie auch sogleich eintrafen. Prinz Achmed hielt den Zauberapfel an die Nase der Bewusstlosen. Da schlug sie die Augen auf und war vollkommen geheilt.

Der Sultan schloss seine Söhne in die Arme.

Er ließ sich die Wunderdinge erklären, die sie mitgebracht hatten, und begriff schnell, dass jedes von ihnen zur Errettung der Prinzessin beigetragen hatte. Nun wusste der Sultan wieder nicht, welchem Sohn er sie zur Frau geben sollte, und so ordnete er ein Wettschießen an. Prinz Hussein schoss seinen Pfeil sehr weit. Prinz Alis Pfeil flog noch weiter. Der jüngste, Prinz Achmed, schoss als Letzter. Doch niemand konnte seinen Pfeil finden, sosehr man auch danach suchte. Schließlich befahl der Sultan, die Suche aufzugeben, und Prinz Ali erhielt die Prinzessin. Prinz Hussein wollte in seinem Schmerz nicht an der Hochzeit teilnehmen, er legte sein königliches Gewand ab und zog fort, um von nun an als armer Einsiedler zu leben. Auch Prinz Achmed ging nicht zur Hochzeit, er suchte den Pfeil. Eines Tages fand er ihn, und es war unglaublich, dass der Pfeil so weit geflogen sein sollte. Er lag am Boden, seine Spitze zeigte zu einer Felsentür. Der Prinz öffnete sie und folgte einem unterirdischen

Gang, bis er zu seiner Überraschung in den Vorhof eines prächtigen Palastes kam. Ein schönes Mädchen, in Seide gekleidet und glitzernd vor Juwelen, von Hofdamen umgeben wie der Mond von den Sternen, kam auf ihn zu und begrüßte ihn. „Sei willkommen, Achmed. Ich weiß alles von dir und deinen Brüdern, auch von der Prinzessin, in die ihr euch verliebt habt. Ich folge dir schon lange, denn du bist der, den ich liebe. Ich bin die Fee Pari Banu. Ich war unsichtbar beim Bogenschießen anwesend und trug deinen Pfeil hierher, damit du mich finden solltest. Alles, was ich besitze, gehört dir." Als sie gesprochen hatte, senkte sie errötend die Augen.

Prinz Achmed war entzückt von ihr, sie war noch reizender als die Prinzessin. „Nichts würde ich lieber tun, als mich mit dir zu vermählen. Jedoch bin ich ein Mensch, und du bist eine unsterbliche Fee, was wird deine Familie dazu sagen?"

Pari Banu lächelte. „In meinem Volk dürfen die Mädchen sich ihren Geliebten selbst auswählen. Wir müssen nicht warten, bis unsere Väter uns einem Mann geben. Und wir dürfen nehmen, wen wir wollen, auch einen Menschen."

Da freute sich Prinz Achmed über die Maßen. Er schwor der Fee ewige Treue. Hierauf sagte Pari Banu: „Nun bist du mein Mann, und ich bin deine Frau. So ist es Sitte bei uns."

Sie führte den Prinzen in prächtige Gemächer, sie ließ das wunderbarste Essen bringen, das er je genossen hatte. Musik spielte auf. Danach geleiteten die Diener das junge Paar ins Schlafzimmer und zogen sich zurück.

Die beiden lebten sechs Monate lang in Liebe und Vergnügen.

Da kam dem Prinzen eines Tages der Gedanke,
er könnte seinen Vater und seine Familie
besuchen.

Die Fee erschrak. „Du hast mir ewige Treue
geschworen", rief sie, „willst du mich nun
verlassen?"

„Aber nein, ich liebe dich doch und kehre ganz
gewiss zurück", sagte der Prinz.

Pari Banu war halbwegs beruhigt und gab ihm
schöne Gewänder und prächtige Reiter mit auf
die Reise. Er musste ihr jedoch hoch und heilig
versprechen, nichts über sie und ihr Reich und
ihr gemeinsames Glück zu erzählen.

Der Sultan, der zwei seiner Söhne verloren
hatte, war untröstlich. Er ließ lange nach den
verschwundenen Prinzen suchen. Sein ältester
Sohn sei ein Einsiedler geworden,
berichtete man ihm. Den
jüngsten Sohn konnte
niemand finden. Der
Sultan ließ eine Hexe
kommen.

Die befragte ihr Zauberbuch und konnte ihm danach versichern, dass er seinen Sohn wiedersehen würde.

Es dauerte nicht lange, da wurde ihm die Ankunft eines fremden Reiterzugs gemeldet. Der Sultan erkannte im ersten Reiter seinen Sohn und weinte vor Freude. Gefragt, wo er gewesen sei und was er erlebt habe, schüttelte der Prinz jedoch nur stumm den Kopf. Sein Vater begnügte sich, bat ihn aber, regelmäßig zu Besuch zu kommen.

Von nun an nahm Prinz Achmed jeden Monat für drei Tage zärtlichen Abschied von seiner Gattin. Er war immer vorzüglich gekleidet, wenn er seinen Vater besuchte, und mit jedem Monat wurde sein Aufzug noch prächtiger. Da hetzte einer der Minister aus Neid den Sultan gegen seinen Sohn auf. Der Sultan ließ zu, dass Misstrauen in sein Herz einzog, und er beauftragte die Hexe, herauszufinden, wo Prinz Achmed wohnte.

Die Hexe versteckte sich am Weg, den der Prinz

nahm, um zu Pari Banu zurückzukehren.
Plötzlich verschwand er mitsamt seinen Reitern
vor ihren Augen, und sie konnte es sich nicht
erklären. Denn die Tür zum Eingang in das
Reich der Feen war nur dann sichtbar, wenn
Pari Banu es so wollte.

Den nächsten Monat lauerte die Hexe an
derselben Stelle. Sie sah Prinz Achmed und
seine Reiter auftauchen und warf sich klagend
auf den Weg: Sie sei krank und könne nicht mehr
aufstehen. Da ließ der Prinz sie ins Feenreich
bringen, und Pari Banu versprach, die Alte mit
Wasser aus der Löwenquelle gesund zu machen.
Doch warnte sie ihren geliebten Mann, dass sie
eine böse Vorahnung habe. Indessen sah die alte
Hexe den herrlichen
Feenpalast und die
ungeheuren
Reichtümer der
Fee. Bevor sie
ging, bedankte
sie sich

heuchlerisch für das wundersame Heilwasser.
Draußen sah sie schon nach ein paar Schritten
die Tür nicht mehr und konnte sie auch nicht
mehr finden.

Sie ging zum Sultan, um zu berichten. „Dein
Sohn ist der Fee Pari Banu verfallen, sie kann
über ihn dein Reich in ihre Hand bekommen!"
Erschrocken befragte der Sultan seine Minister.
Die rieten ihm, den Prinzen gefangen zu nehmen.
Wieder ließ der Sultan die Hexe kommen. Sie
sagte: „Dann musst du auch seine Reiter
gefangen nehmen, und das sind Wesen aus dem
Feenreich mit großer Macht. Nein, ich rate dir
etwas anderes. Verlange von deinem Sohn ein
Zelt für deine Jagdausflüge, das so groß ist, dass
die ganze Jagdgesellschaft darunter passt, und
zugleich so klein und leicht, dass man es in einer
Hand tragen kann. Wenn die Fee deinen Sohn
über alles liebt, wird sie ihm die Zauberei
beschaffen. Beim nächsten Mal verlangst du noch
etwas Schwierigeres. Und so weiter. Bis am Ende
alle Schätze der Fee dir gehören."

Der Sultan bedachte den Rat der Hexe und bat seinen Sohn beim nächsten Mal um ein solches Zelt. „Ich habe gehört, dass du mit einer wunderschönen und überaus reichen Fee verheiratet bist, sie wird dir diesen Gefallen tun, wenn sie dich liebt."

Der Prinz versprach seinem Vater, sich alle Mühe zu geben. Als er zu Pari Banu zurückkehrte, war er bedrückt. Die Fee wusste sofort, wer dahintersteckte: die Alte. Doch ließ sie das gewünschte Zelt aus der Schatzkammer bringen, und Achmed überreichte es beim nächsten Besuch seinem Vater. Nun sah der Sultan, dass die Fee genügend Liebe und Macht besaß, seinem Sohn jeden Wunsch zu erfüllen. Anstatt zufrieden zu sein, fürchtete er sich aber noch mehr.

Wieder ließ er die Hexe holen. Sie riet ihm, nun von seinem Sohn zu verlangen, er solle ihm Wasser aus der Löwenquelle bringen. Dieses Wasser heile im Nu alle Krankheiten, und es zu beschaffen, sei noch keinem Menschen gelungen.

Der Sultan verlangte das Wasser, und Prinz Achmed versprach, sein Möglichstes zu tun. Sehr bedrückt ritt er nach Hause. Pari Banu sah ihren Mann ernst an. „Ich erfülle den Wunsch deines Vaters", sagte sie. „Doch muss dir klar sein, dass es sehr gefährlich ist. Vier wilde Löwen bewachen den Brunnen, und nur ich kann dir sagen, wie du es machen musst."

Sie fertigte einen Ball aus Garn, der den Prinzen
zur Quelle führen würde. Er solle auf einem
Pferd reiten und ein weiteres Pferd mitnehmen,
das die vier Teile eines geschlachteten Schafes
zu tragen habe. Er solle den Löwen das Fleisch
vorwerfen und seine Wasserflasche an der
Quelle füllen, während sie mit Fressen
beschäftigt wären. Und er dürfe keine Angst
zeigen, sonst sei alles umsonst.

Der Prinz vertraute dem Rat seiner Frau und
kehrte heil und gesund mit der gefüllten Flasche
zurück. Als er sie seinem Vater brachte,
fürchtete der Sultan sich noch mehr,
denn er sah, dass sein Sohn
außerordentlich tapfer war. Wieder
holte er den Rat der Hexe ein.
Danach sprach er zu Prinz
Achmed: „Es freut mich,
dass du so tüchtig, tapfer
und liebevoll bist. Eine
dritte Bitte habe ich noch.
Wenn du mir die auch

erfüllen kannst, werde ich hochzufrieden sein.
Bring mir einen Mann, der mir nur bis zu den
Knien reicht und einen zehn Meter langen Bart
hat, der eine Keule trägt, die so schwer ist wie
ich und die er schwingen kann wie einen
gewöhnlichen Prügel."

Hiermit verlangte der Sultan, ohne es zu ahnen,
sein Verderben.

Prinz Achmed glaubte nicht, dass ein solcher
Mann existierte, doch er wollte sein Bestes
versuchen. Niedergeschlagen gab er den
Wunsch seines Vaters an Pari Banu weiter. Sie
aber, die ihn zärtlich liebte, tröstete ihn. „Das ist
eine leichtere Aufgabe als die letzte. Es gibt
einen Mann von dieser schrecklichen Gestalt, er
ist mein Bruder und mir treu ergeben."

„Wenn er dein Bruder ist, geliebte Pari Banu,
was kümmert mich dann sein Aussehen?", rief
Prinz Achmed. „Ich werde mich freuen, ihn
kennenzulernen."

Pari Banu ließ eine Räucherpfanne bringen und
ein Feuer darin anzünden.

Dann warf sie Weihrauch in die Flammen. „Mein Bruder Schabbar", sagte sie.

Im aufwirbelnden Rauch kam mit stolzem Schritt ein verwachsenes Männchen auf sie zu. Sein langer Bart war kunstvoll verflochten, sein Haupt saß riesig auf dem buckligen Körper, und die schwere Keule lag auf seiner Schulter.

„Wer ist der Mann an deiner Seite?", rief der Zwerg drohend.

„Mein geliebter Gatte", sagte Pari Banu.

„Dann will ich ihm zu Diensten sein", bot Schabbar sofort an.

Pari Banu erzählte ihm von den seltsamen Wünschen des Sultans. Und von der alten Hexe, die bösen Einfluss auf den Sultan habe.

Der Prinz und Schabbar machten sich auf den Weg. Als sie sich der Stadt näherten, stoben die Leute auseinander, so unheimlich war ihnen der Zwerg. Sogar die Palastwache floh, und die beiden traten ungehindert ein. Der König hatte gerade eine Besprechung mit seinen Ministern. Die Minister duckten sich entsetzt, und der König schlug vor Grausen die Hände vor die Augen. Schabbar, der gekommen war, weil man ihn darum gebeten hatte, geriet in Zorn über solch schlechtes Benehmen, er hob die Keule und schmetterte sie auf den Sultan nieder, ehe Achmed eingreifen konnte. Danach erschlug er den bösen Minister und befahl, dass man ihm auch die Hexe bringe. „Dies ist das Ende deiner Bosheit!", rief er und ließ die Keule auf sie niedersausen.

Sodann legte Schabbar Prinz Achmed den Königsmantel um, er setzte ihn auf den Thron und ließ ihn zum Sultan von Hindustan ausrufen. Das Volk, das den Prinzen immer gerngehabt hatte, jubelte. Schabbar holte inzwischen Pari Banu und setzte sie als Königin ein.

Sultan Achmed machte seinen Bruder Ali, der die schöne Prinzessin bekommen hatte, zum Gouverneur einer großen Stadt. Nur Prinz Hussein nahm nicht an Pracht und Reichtum teil, er wollte weiterhin in Einsamkeit und Verzicht leben.

Himmelblau und Lupine

Lupine war sicherlich die unglücklichste Fee am
Hof der Feenkönigin. Sie hatte einen mächtigen
Zauberer abgewiesen, und der hatte sich
gerächt: Die arme Lupine war seitdem nur noch
an zwei Tagen in der Woche schön, an den
anderen fünf Tagen war sie hässlich. Was aber
das Gemeinste war: An ihren schönen Tagen
war sie kalt und schnippisch, an ihren hässlichen
Tagen dagegen sanft und lieb. So nützte ihr die
Schönheit nichts, denn niemand mag ein kaltes,
schnippisches Mädchen, und wenn es noch so
schön ist. Aber auch die Sanftheit war umsonst,
denn Lupine war an diesen Tagen einfach zu
hässlich.

Von zwei Dingen hing ihre Erlösung ab: Sie durfte niemandem sagen, dass die Schöne und die Hässliche in Wirklichkeit eine Person waren. Es gab also bei Hofe scheinbar zwei Mädchen namens Lupine, die sich aber nie begegneten. Die zweite Bedingung war, dass ein Mann sie trotz ihrer Hässlichkeit lieben müsse. Aussichtslos! Bei so vielen schönen Frauen am Hof hatte es kein Mann nötig, eine hässliche zu wählen, und sei sie noch so liebenswürdig. Am Feenhof lebte auch ein schöner Prinz. Er kleidete sich ganz in Blau und wurde deshalb Prinz Himmelblau genannt. Man sah ihn an fünf Tagen in der Woche. Es waren ausgerechnet die Tage, an denen Lupine hässlich war.

An den restlichen beiden Tagen erkannte man ihn
nicht, denn da hieß er Magotin und war entsetzlich
anzusehen. Eine mächtige ältere Fee, die der
schöne Prinz einmal abgewiesen hatte, hatte ihm
das angetan. Sie hatte ihn zugleich dazu
verdammt, an seinen schönen Tagen gefühllos und
an seinen hässlichen Tagen gefühlvoll zu sein – wie
Lupine also. Der Prinz konnte erlöst werden, wenn
eine liebenswerte Dame ihm ihr Herz schenkte,
während er der kalte Prinz Himmelblau war. Aber
welche Dame will schon einen gefühllosen Mann,
und sei er noch so schön!
Der arme, hässliche Magotin verehrte
die schöne Lupine an
zwei Tagen in der
Woche und wurde von
ihr verspottet.

Dafür lief die arme, hässliche Lupine dem kalten
Prinzen Himmelblau an fünf Tagen in der Woche
umsonst nach. Wie sollte je etwas aus den
beiden werden? Sie wussten ja nicht, dass sie
beide ein Doppelleben führten. Es war einfach
hoffnungslos.

Doch nun geschah etwas Eigenartiges. Die
Damen bei Hofe bemerkten die Ausdauer, mit der
der hässliche Magotin die schöne Lupine verehrte,
die ihn doch nur verspottete. Sie begannen, ihn
dafür zu bewundern, sie fanden ihn plötzlich
interessant und fingen an, sich um ihn zu
bemühen. Die eifrigste war die Fee Confidante.
Das passte den anderen Damen nun allerdings
nicht. Sie berieten sich und überredeten dann
Lupine, dem unglückseligen Magotin vorzuspielen,
er hätte eine Chance bei ihr.

Lupine, die ja zwar schön, aber auch böse war,
tat das. Woraufhin Magotin Confidante
überhaupt nicht mehr beachtete. Er glaubte
nämlich, die schöne Lupine finge endlich an,
seine Liebe zu erwidern.

Die schöne Lupine war nun allerdings, seit sie nett zu Magotin war, oft mit ihm zusammen, und allmählich sah sie seine Hässlichkeit nicht mehr. Magotin merkte das, und gleich fühlte er sich weniger hässlich. Sie veränderten sich beide dabei: Die kalte Lupine bekam Gefühle, der hässliche Magotin wurde hübscher.

Während sich dies an zwei Tagen in der Woche entwickelte, gab es noch die anderen fünf Tage, an denen die hässliche Lupine dem gefühllosen Prinzen Himmelblau nachlief. Eines Tages war gerade der Arzt bei ihm und untersuchte seine Hand. Der Prinz war unter die Räuber geraten und hatte einen Pfeilschuss abbekommen. Der Pfeil war vergiftet gewesen, und der Arzt sagte, der Prinz könne nur gerettet werden, wenn jemand sofort das Gift aus der Wunde saugen würde. Da beugte sich die hässliche Lupine über die Hand des Prinzen und legte ihre Lippen auf die Wunde. Der Prinz, der sich schon sterben fühlte, wusste nicht, wie ihm geschah.

Mit Tränen der Dankbarkeit sah er die hässliche Lupine das Gift aus der Wunde saugen und bemerkte ihre Hässlichkeit nicht mehr. In dem Maß, wie seine Zuneigung wuchs, verschwand ihre Hässlichkeit aber auch. Bis sie so schön war wie die schöne Lupine, ja, bis sie die schöne Lupine selbst war. Der gefühlskalte Prinz bekam so die Warmherzigkeit Magotins, und aus Prinz Himmelblau und Magotin wurde wieder eine Person.

Lupine und Prinz Himmelblau erkannten einander, und ihre Freude war unbeschreiblich. Sie gingen zur Feenkönigin, und die vereinte sie auf ewig miteinander. Noch heute lieben sie sich, als wäre es der erste Tag ihrer Liebe.

Ein Sommernachtstraum

Aus heiterem Himmel fährt ein Blitz hernieder,
es hagelt mitten im Sommer — und niemand
kann sich erklären, warum. Ich aber weiß es.
Die Elfen sind das! Elfenkönig Oberon und
seine Königin Titania haben Streit und werfen
Blitz und Hagel, sie rufen Winde und Wolken

herbei und den grollenden Donner, denn das sind ihre Waffen. In Wirklichkeit lieben sie sich ja, aber es ist eine heftige, streitsüchtige Liebe. Einmal dauerte ihr Krieg sieben Jahre, und die Menschen litten sehr darunter. Schneestürme tobten, Nebel überzogen das Land, Orkane rissen Bäume aus, und Wasserfluten ertränkten die Ernte. Die Kinder trauten sich nicht mehr zur Schule, die Bauern säten nicht mehr, und die Fischer blieben im Hafen.

Nur die jungen Leute verliebten sich noch immer, und ihre Herzen schlugen füreinander. Von drei Liebespaaren mitten im Elfenkrieg will ich euch jetzt erzählen.

Das erste Liebespaar heißt Theseus und
Hippolyta. Theseus ist der Herzog von Athen,
Hippolyta seine Braut, und bald soll die
Hochzeit sein.
Das zweite Liebespaar sind Hermia und Lysander.
Oh, wie sehr sie einander lieben und wie gern sie
heiraten wollen! Aber Hermias Vater erlaubt es
nicht, er will den Demeter als Schwiegersohn.
Das dritte Paar sind Demeter und Helena. Sie
waren einmal ein Liebespaar, und Helena liebt
Demeter noch immer. Der hat sich aber nun in
Hermia verliebt.
Eine verzwickte Geschichte!
Denn Hermia liebt ja Lysander. Da kann ihr
Vater noch so wüst toben. Er schleppt sie sogar

zum Herzog. Der Herzog verlangt, dass sie
ihrem Vater gehorche, sonst müsse sie sterben.
Doch Hermia will lieber sterben, als ihren
Lysander aufzugeben.
Die beiden beschließen, in der Nacht vor der
herzoglichen Hochzeit heimlich zu fliehen.
Hermia erzählt ihrer Freundin Helena davon.
Helena wiederum verrät Demeter den
Fluchtplan. Einfach, weil sie zu ihm gehen und
etwas zu berichten haben will, denn sie ist nur in
Demeters Nähe glücklich, auch wenn er sie gar
nicht haben will.
Vor der Stadt Athen liegt ein großer Wald. Den
müssen Hermia und Lysander auf ihrer
nächtlichen Flucht durchqueren. Sie halten sich
an der Hand und versuchen, im Sternenlicht den
Weg zu finden. Müde legen sie sich schließlich
zum Schlafen nieder. „Komm zu mir, Liebste",
sagt Lysander und breitet die Arme aus. Aber
Hermia sucht sich lieber ein eigenes Plätzchen,
denn sie sind noch nicht verheiratet.

Im Wald treffen sich zur selben Zeit Elfenkönig Oberon und Elfenkönigin Titania, jeder mit großem Gefolge. Sie haben von der bevorstehenden Hochzeit gehört und wollen auch tanzen und glücklich sein, genau wie die Menschen. Dazu müssen sie sich erst einmal versöhnen. Der König macht aber gleich einen Fehler. „Gib mir den Waisenknaben, den du aufziehst, ich will ihn zum Pagen ausbilden lassen", verlangt er. Und schon knistert die Luft von Blitzen, die die Königin schleudern möchte. Sie kann sich gerade noch beherrschen. Zornig zieht sie sich zurück.

König Oberon blickt ihr böse nach. Er ruft seinen Lieblingselfen. „Puck, bring mir das Blümchen Lieb-nur-mich. Sein Blütensaft tut Wunder! Man träufelt davon auf die Augenlider eines Schlafenden, dann verliebt er sich beim Erwachen in das erste Wesen, das er sieht, und sei es ein

Schwein. Ich will den Saft an Königin Titania testen."

Puck macht sich begeistert auf, die Blume zu beschaffen.

In der Wartezeit hört der König plötzlich Schritte und Stimmen. Es sind Demeter und Helena. Demeter verfolgt das fliehende Liebespaar. Und Helena läuft Demeter nach, denn sie kann nur in seiner Nähe leben. Demeter schreit sie an: „Verschwinde! Mir wird übel, wenn ich dich sehe!"

Helena weint. Aber ihre Tränen lassen Demeter kalt. „Ich muss Hermia finden und zurückholen und Lysander verjagen!" Er rennt so schnell weiter, dass ihm die arme Helena nicht mehr folgen kann. König Oberon hat das beobachtet, und Helena tut ihm leid. Als Puck mit der Wunderblume zurückkehrt, gibt er ihm deshalb einen Teil des Zaubersaftes. „Träufle davon auf die Augenlider eines jungen

Mannes, der durch den Wald rennt. Seine Liebste ist ihm auf den Fersen. Und pass auf, Puck, dass der Rüpel sie beim Erwachen als Erstes sieht!"

Danach schleicht der König zum Nachtlager seiner Frau, um ihre Augenlider heimlich mit dem Saft zu benetzen. Er findet Titania schlafend, von ihrem ebenfalls schlafenden Gefolge umgeben, und da er sie gut kennt, träufelt er den Saft auch auf die richtigen Augenlider. Anders Puck. Der stößt auf seiner Suche nach Demeter auf den schlafenden Lysander, in dessen Nähe Hermia liegt. Er träufelt den Saft auf Lysanders Augenlider.

Der Irrtum wäre nicht weiter schlimm, wenn Lysander beim Aufwachen Hermia sehen würde. Aber leider sieht er – ja, wen denn? Wer stolpert denn da über Lysanders Beine und weckt ihn damit auf? Es ist die arme Helena! Lysander blinzelt, der Zaubersaft wirkt sofort. Zärtlich streckt er die Hände aus, er flüstert heiße Liebesworte, und Helena läuft vor Schreck davon. Nach einem Blick auf die schlafende Hermia, die ihm überhaupt nicht mehr gefällt, rennt Lysander hinter Helena her.

Es ist unglaublich, was sich alles in dieser Nacht im Wald von Athen herumtreibt! Die beiden Menschenpaare, das königliche Elfenpaar mit seinem ganzen Hofstaat – und dann auch noch ein paar Leute, die sich zu einer geheimen Theaterprobe verabredet haben. Sie wollen ihrem Herzog am Hochzeitstag ein lustiges Stück vorspielen. Einer von ihnen mault, weil er nicht das Ungeheuer spielen darf, und Puck setzt ihm daraufhin einen Eselskopf auf.

Entsetzt rennen die Mitspieler vor dem armen Esel davon. Der ist nun allein, und weil er sich fürchtet, fängt er zu singen an. Davon erwacht die Elfenkönigin. Ihr Blick fällt auf den Mann. Sie findet nicht nur seinen Gesang, sondern auch seinen Eselskopf wunderschön. Sie umarmt ihn und erklärt ihn zu ihrem Liebsten, und darüber lachen sich König Oberon und Puck in ihrem Versteck halb tot.

Dann werden sie abgelenkt. Von Hermia, die inzwischen aufgewacht ist und ihren verschwundenen Lysander sucht. Statt Lysander begegnet sie aber nur Demeter. „Was hast du mit meinem Lysander gemacht?", schreit sie. „Du hast ihn umgebracht!"

Nun, Demeter hasst Lysander, aber getötet hat er ihn bisher noch nicht. „Allerliebste Hermia", säuselt er, „oh, wenn ich dich nur wiederhabe! Vergiss doch den Lysander, liebe mich!"
Hermia hat seine Liebe noch nie gewollt und will sie auch jetzt nicht. Sie lässt Demeter stehen und sucht weiter nach ihrem Lysander.
Demeter fällt erschöpft auf den Waldboden.
„Oh König", stöhnt Puck glücklich, „ich habe den Lieb-nur-mich-Saft dem falschen Mann auf die Augenlider geträufelt! Dem Lysander! Der ist jetzt ganz toll hinter Helena her, hinter Helena!"
König Oberon schüttelt den Kopf. „Das geht nicht. Helena liebt doch den da, den Demeter. Schaff sie herbei, damit der Rüpel sie sofort sieht, wenn er aufwacht, er kriegt jetzt von mir den Saft auf die Augen!" Gesagt, getan.
Da kommt Helena bereits angelaufen, auf der Flucht vor dem liebestollen Lysander, der schon dicht hinter ihr ist. Demeter schlägt die Augen auf, sieht Helena und ruft: „Du, meine geliebte Helena, oh, wie sehr ich dich liebe!"

Helena glaubt ihm kein Wort.

Als Letzte taucht auch noch Hermia auf.

„Lysander, da bist du ja!", ruft sie erleichtert. Zu ihrem Entsetzen schüttelt Lysander sie aber ab, er himmelt Helena an.

Demeter sieht das. „Verschwinde, sie gehört mir!", zischt er.

„Verschwinde du!", sagt Lysander. Und schon ringen sie miteinander.

Und auch die Mädchen kriegen sich in die Haare.

„Du falsche Schlange!", keucht Hermia. „Du willst mir meinen Lysander wegnehmen!"

„Puck! Treibe sie auseinander, und mach einen Nebel!", befiehlt König Oberon.

Pucks Nebel gelingt so dicht, dass keiner der jungen Leute mehr den anderen findet.

Sie sind am Ende

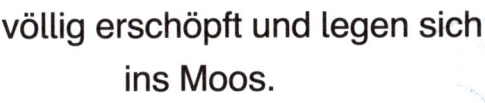

völlig erschöpft und legen sich
ins Moos.
Puck muss seinem
König nun das Blümchen
Vergiss-was-war besorgen und
dem Lysander einen Tropfen
Blütennektar aufs Auge träufeln,
damit er die Sache mit Helena vergisst
und wieder seine Hermia liebt. Demeter soll
natürlich von diesem Nektar nichts bekommen!
Sanft von ihrer Liebe zum Eselsmann, spaziert
Königin Titania vorüber. „Du kannst den
Waisenknaben als Pagen haben", sagt sie zu
König Oberon. Einfach so.
Der König ist sehr bewegt. Er folgt ihr heimlich,
und als sie wieder neben dem Eselskopf
eingeschlafen ist, streicht er ihr Nektar vom
Blümchen Vergiss-was-war auf die Augen. Die
Königin wacht auf. Sie sieht neben sich den Esel
und schreit. Oberon befreit den armen Mann von
seinem Eselskopf und lässt ihn laufen. Dann
nimmt er seine Königin in die Arme. „Wollen wir

155

uns versöhnen, Liebste", flüstert er, „und zur Hochzeit gehen? Komm schnell, ich höre schon die Jagdhörner des Herzogs!"

Der Nebel hat sich verzogen, als die vier jungen Leute im Wald vom Hörnerklang erwachen. Sie finden zueinander, und Lysander schließt Hermia in seine Arme. Demeter umarmt Helena, gerade als der Herzog und seine Braut vorüberreiten. Die jungen Leute glauben, geträumt zu haben – auf jeden Fall gehören jetzt die Richtigen zusammen. Daran kann auch Hermias Vater nichts mehr ändern. Denn der Herzog will in seinem Glück, dass auch alle anderen glücklich sind. Er wünscht sich eine prächtige Hochzeit mit drei Paaren.

Am Hochzeitsabend wird das Theaterstück aufgeführt. Danach gehen die drei liebenden Paare schlafen.

Dies ist die Zeit der Elfen, sie toben ausgelassen durch den Palast und ziehen erst beim Morgengrauen ab. Nun kann sich auch das vierte Liebespaar schlafen legen: König Oberon und seine Königin Titania.